基礎からわかる
経済変動論
［第3版］

Sekine Junichi
関根順一【著】

Introduction to
Economic Dynamics

中央経済社

第3版へのはしがき

　本書第2版を刊行してから5年以上が経過し，この間に生じた日本内外の経済状況の変化を受けて本書を改訂することにしました。本書初版のはしがきで，経済変動論を学ぶ際，景気循環や経済成長など主要な経済変動に関連する諸事実を知ることが大切であると述べました。日本経済の動向は経済変動に関する数多くの具体的事実を私たちに教えてくれます。経済変動論の入門書としては日本経済の進展に合わせて，その状況を説明する必要があるでしょう。本書を改訂して過去5年ほどの日本経済の動きを解説しました。

　第2版の改訂に際しては本書の内容を相当に修正加筆しましたが，今回の改訂では大きな修正はありません。主な修正点は次の2点です。

　第一に，すでに述べたように過去5年ほどの日本経済の変化を解説しました。本書第3章では経済統計を中心にマクロ経済について学習しますが，経済統計は，それだけ見ると単なる数字の羅列やジグザグと折れ曲がる直線にしか見えないかもしれません。しかし，国内総生産（GDP）をはじめとする経済統計の背後には人々の日々の営みがあるのです。第3章では，最近の国内総生産や経済成長率のグラフを示した後，これらのグラフの背後にある日本経済の変動を説明しています。第3版では第二次安倍政権の経済政策「アベノミクス」の展開，保護主義の高まりに示される国際経済秩序の動揺，地球環境問題などの説明を加えました。

　第二に，本書の各所で記述内容や文章表現の細かい修正を行いました。第2版の改訂では記述内容を全般的に見直しましたが，なお，説明の方針が明確でない箇所や誤解が生じやすい部分が残っていたように思います。今回，これらの部分を修正し，また必要な説明を補いました。特に第3章

ではマクロ経済統計を解説し，同時にマクロ経済学の基礎概念を導入しますが，第4章以下の展開を考慮して各経済指標に関して，そのマクロ経済学上の意義を強調しました。

　2008年のリーマン・ショック以来，戦後の経済成長過程を支えてきた政治的経済的諸条件が徐々に，しかし着実に力を失っていくように思います。グローバル金融危機の下で採用された異例の経済政策が今なお維持される中で，世界各国で保護主義が力を増し，戦後の国際経済秩序が動揺し始めました。こうした変革期にこそ，マクロ経済学やその応用分野である経済変動論の知識や理論が将来を見通す確かな力になるでしょう。その意味で，筆者は本書の内容が読者にとって，特に若い読者にとって有益であることを望みます。

　2021年3月

関根　順一

は し が き

　株価や為替レートは時々刻々と変動し，最新の経済データも次々にメディアに発表されますから，日々の暮らしに忙しい者にとって経済は，絶えず変化してやまない生き物であるかもしれません。実際，経済は日々の変動に加えて，好況と不況を繰り返し，成長を続けています。経済変動論は，景気循環や経済成長をはじめ経済変動を研究する経済学の一分野です。本書は，経済変動論を文字どおり初歩から解説しています。

　本書を執筆するにあたって心がけたことがあります。

　第一に，関連事実をかなり詳しく説明しました。景気循環がなぜ起こるのか。あるいは経済はどのようなメカニズムで成長するのか。実は，このような問題が経済変動論の中心的な課題です。ですから，従来の経済変動論の講義では理論の説明に重点が置かれました。しかし，事実認識が不十分なままで理論を学んで読者ははたして面白いと感じるでしょうか。

　第二に，本書を読み進めるのに他の経済学の教科書を参照する必要がないよう配慮しました。実際，本書の前半ではマクロ経済学の簡単な復習を行いました。とはいっても，練習問題は例外です。練習問題では，より進んだ学習のために若干の興味深い問題を紹介するとともに，本文で割愛した数学的展開にも触れました。また，やや程度の高い問題には問題番号にアステリスク（＊）を付けておきました。

　第三に，最近の景気動向を分析し，景気対策や成長戦略を論じる経済書

は非常に多いのですが，本書はあえて，そのような議論には立ち入りませんでした。すぐに役立つものは，その効力が切れるのも早いものです。むしろ本書は，読者が自分自身の分析力を養うことを望んでいます。高い分析力を身に付ければ，新しい経済状況に直面して自分自身の判断を下すことができるでしょう。本書は，そのような意図から，メディアで報道される経済指標，特に景気指標の解説に力を注ぎました。

本書は，十年近くにわたる大学での経済変動論の講義から生まれました。本書の内容は受講生の質問や意見等によって大いに改善されましたから，まずは私の講義を受講した学生のみなさんに感謝しないわけにはいきません。また，九州産業大学経済学部の同僚の先生方にも感謝申し上げます。特に内山敏典教授，秋山優教授，佐藤秀樹教授には日頃よりお世話になっており，厚くお礼申し上げます。

最後に，中央経済社編集部の納見伸之氏には前著に続いて拙著の編集をお引き受け頂きました。厚くお礼申し上げます。

2011年1月

関根　順一

目　　次
■基礎からわかる経済変動論　第3版■

第 **5** 章

経済成長 ────────────────**149**

第1章 経済変動とは

1.1 日々変化する経済

　現代経済で財・債券・株式の価格や金利，為替レートが日々変動していることはよく知られています。インターネットやテレビ，新聞などのメディアは毎日，株式価格や為替レートの変動を伝えています。もっとも現代経済で変化を続けているのは株式価格や為替レートばかりではありません。各種の農産物や工業製品の生産量や販売数量さらには生産や販売の現場で働く人々の雇用や労働時間までも時に緩やかに時に急激に変化します。私たちの経済は，日々，変動を続けていると言ってよいでしょう。

　価格や金利，為替レート，財の生産量や販売量，雇用量さらには賃金や利潤などの変化全体を経済変動といいます。

　私たちの暮らしは，まさしく経済変動のただ中にあり，経済変動論は，このような経済変動を研究します。

　まずは経済変動の大きな流れをしっかりと押さえておきましょう。確かに株式価格や為替レートは文字どおり時々刻々と変動し，人々の注意を引きます。また，天候不順などの影響から農産物の生産が打撃を受け，一方，生活スタイルの変化から特定の消費財やサービスに消費者の需要が集中するかもしれません。市場経済では，このような自然環境の急変や消費生活の変化に対応して農産物や消費財の市場価格が変動し，需要と供給の微調整が行われます。しかし，ごく短い期間の株式価格や為替レートの動き，需要と供給の微調整に目を奪われていては経済変動の全体像を見失います。

　経済変動の2つの大きな流れは景気循環と経済成長です。実は，ごく短期間に小刻みに上昇と下落を繰り返し，しばしば気まぐれに見える株式価格や為替レートの動向でさえ，この2つの大きな流れと無関係ではありません。景気循環と経済成長は経済変動論の主要な研究対象です。

1.2　主要な経済変動

　それでは景気循環とは何でしょうか，また，経済成長とは何でしょうか。好況の時には人々の消費意欲が高まり，財やサービスの生産が盛んになり，多くの労働者が工場やオフィスで働くようになります。大学生の就職活動が比較的，順調に進むのも，この時期です。それに対して，不況の時には人々の消費意欲が衰え，財やサービスの生産が停滞し，一部の労働者は工場やオフィスでの仕事を失うことになります。この時期には一般に大学生の就職活動は以前より厳しいものになるでしょう。実を言えば，景気循環にしても経済成長にしても一国経済の多様な側面に関わり，その意味を簡潔に，しかも正確に伝えることは必ずしも容易ではありません。実際，本書では，景気循環や経済成長を厳密に説明するために，やや時間をかけて経済用語を紹介し，マクロ経済学の分析枠組みを解説することになります。

　とはいえ，たとえ不正確であっても，学習の初めに景気循環や経済成長のイメージを得ることは決して無益ではありません。この節では，景気循環や経済成長のイメージを示しておきましょう。

　日頃，仕事や勉強に精力的に取り組んでいる者でも常に調子がよいわけではありません。カゼを引くこともあれば気分が沈むこともあるでしょう。経済もそれと同じです。多くの財が生産され，市場取引が活発に行われる時期もあれば，生産が縮小し，取引が停滞する時期もあります。

　経済学では，経済活動が活発な時期を好況（boom）と，経済活動が不

活発な時期を不況（depression）といいます。加えて，日本経済をはじめ，今日の先進工業諸国では好況と不況が，およそ5年から11年くらいの周期で繰り返されます。

　この好況と不況の繰り返し，好不況の波を景気循環（business cycle）といいます。循環とは繰り返しのことです。景気回復，好況，景気後退，不況と経済状況が一巡すれば，景気は再び回復に向い，1つの循環に引き続いて次の循環が始まります。

　図1-1に景気循環のイメージを示しました。先進工業諸国の経済では経済の活動水準が高い好況と活動水準が低い不況が繰り返されます。図1-1では時間の進行とともに経済の活動水準の上昇と下落が繰り返され，活動水準の波が生じます。

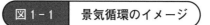

図1-1　景気循環のイメージ

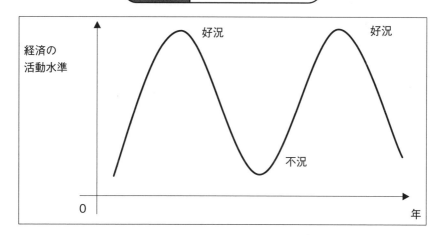

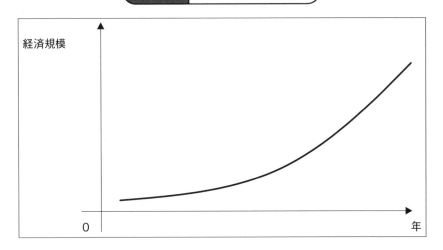

図1-2　経済成長のイメージ

　さて，1日1日では目に見える変化がなくても，年々子供は成長し，少年は数年もたてば青年になり，やがて成人になります。経済もそれと変わりません。1日1日では目に見える変化がなくても，家庭内には年々家具や家電製品が増え，街には新しい住宅やビル，道路が造られます。あるいは沿岸部で埋め立てが進み，埋め立て地に工場や石油コンビナートが建設されるかもしれません。人々の暮らしは年ごとに豊かに，そして便利になっていくでしょう。

　経済学では，生産される財の量が増えていくことを経済成長（economic growth）といいます。

　図1-2に経済成長のイメージを示しました。財やサービスの総量を経済規模ということがありますが，図1-2では時間の経過とともに経済規模がますます大きくなっていきます。

　戦後の日本経済は，1950年代半ばから1960年代にかけて急速に，1990年

代からはかなり緩やかに，だが長い目で見れば着実に成長を続けてきました。また，21世紀に入って先進工業諸国だけでなく，中国・インド・ブラジル・ロシアなどいわゆる新興国でも目覚ましい経済成長が起き，新興国の地位が向上しました。

　一言で言えば，景気循環とは好況と不況の繰り返しであり，経済成長とは経済規模の拡大です。もっとも，一国全体の経済活動が多方面に及ぶ以上，経済変動の現実の姿は一言で言い表すにはあまりに多様です。

　好況や不況のとき，人々の生活はどうなるのでしょうか。また，経済規模の拡大とは具体的にどういうことでしょうか。まずは，生産や消費など具体的な経済活動の動向について多くのことを知り，景気循環や経済成長に関するイメージをさらに豊かにすることから経済変動の学習を始めましょう。

　その上で，景気循環や経済成長を説明する各章では，これらの経済変動の原因解明に進みます。

　景気循環も経済成長も人々の経済活動の結果です。すなわち，より豊かで安定した生活を望む各人の経済活動の合成結果が景気循環や経済成長などの経済変動を引き起こします。しかしながら，1人の個人の力では，これらの経済変動をどうすることもできません。むしろ1人ひとりの生活は景気循環や経済成長に制約され，場合によっては翻弄されているように見えます。それでは，各人の自由な行動の合成結果が1人ひとりの生活を制約しているように見えるのはなぜでしょうか。私たちが経済活動の解明に取り組む1つの動機が，ここにあります。

第**2**章 メディアでみる 日々の経済変動

2.1 経済報道と経済変動

　それでは経済の具体的な動きを知るにはどうすればよいでしょうか。私たちの家庭での消費や職場での労働はすべて経済活動ですから，私たちは日々の暮らしの中で価格の動きや生産の状況，消費動向などの経済変動に接していると言ってよいでしょう。私たちは日常生活の中に景気循環や経済成長の影響，経済変動の具体的事例を見出すことができます。

　とはいえ，身の回りだけから得られる情報は限られています。日本経済や世界経済では，私たちが直接に経験できる範囲を超えて，多くの人々が生産活動に従事し，消費生活を送っています。日本経済や世界経済の動きを知ろうと思えば，メディアの力に頼るほかありません。新聞・雑誌・テレビ・ラジオ・インターネットなどの各種メディアは日々，日本経済や世界経済の最新の動向を人々に伝えています。

　これらのメディアを有効に活用すれば，企業や産業の動き，消費動向や雇用情勢に触れ，経済変動とりわけ景気循環に関するイメージを豊かにすることができるでしょう。

　この章では各種メディアの活用法を学びます。

2.2 メディアの経済報道

　現代の日本では各種のメディアが発達し，いずれも日本経済や世界経済

の日々の動きを伝えています。これらのメディアにはそれぞれ特徴があります。

　インターネットは速報性の点で断然，優れているでしょうし，視覚に訴える力ではテレビに勝るメディアはありません。その一方で，新聞は速報性の点でも視覚的な説得力の点でも他のメディアに及びませんが，その情報量は他のメディアに勝ります。また，経済に関する報道ではしばしば用語解説や背景説明が欠かせませんが，その点，新聞では，しばしば解説記事が書かれ，重大事件であれば特集が組まれることもあります。本書では，各種メディアによる経済報道の代表として新聞を取り上げましょう。

　ここでは何よりも新聞を中心にメディアでの経済記事の読み方を解説しましょう。

2.3　経済記事の種類

　もし今日の新聞が手近にあれば，実際に紙面を開いてみるとよいでしょう。経済専門紙では一面から経済ニュースが取り上げられますが，一般紙であれば経済欄は中ほどのページにあります。

　1つの紙面には大小さまざまな経済記事が載っているのがわかるでしょう。さて，どの記事から読み始めればよいでしょうか。新聞では，毎日の事件・会議・発表・会見等の記事が同じ紙面に載っており，慣れない読者はどの記事から読むのがよいか迷うかもしれません。

　そこで，あらかじめ，どのような記事があるのか，経済記事の種類を知っておくと便利でしょう。ここでは景気動向に注目して種々の経済記事を分類し，整理しましょう。

　景気動向に限れば経済記事は大きく2つに分けることができます。1つは景気の現状に関する記事であり，もう1つは景気の見通しに関する記事

です。

2.3.1　景気の現状

　新聞等のメディアは日々，国全体の生産活動，主要産業の動向，優良企業の業績等を報道していますが，実は私たちは，このような経済報道から景気の現状を相当程度，知ることができます。もっとも，政府や研究機関，企業によって公表されるデータや情報は膨大であり，多少の整理が必要でしょう。

　一国の生産活動は農業や工業，サービス業など広範な分野に及び，各生産分野は，たとえば鉄鋼・自動車・繊維などの産業部門から構成されます。また，各産業部門はたいてい，互いに競争する多数の企業から構成されます。

　膨大なデータも国全体のデータ，産業部門のデータ，企業のデータの 3 つのレベルに整理すると見通しがよくなるでしょう。景気の現状に関する記事はさらに，

　　a)　　国全体の経済の動き
　　b)　　主要産業の動き
　　c)　　個別企業の経営

についての記事に分類されます。もちろん日本経済は諸外国の経済と無関係ではなく，日本の景気循環は外国貿易や為替市場の動向に左右されます。とはいえ，本書では，とりあえず国内経済の動きに注目しましょう。

2.3.2　景気の見通し

　景気動向について，人々は現状だけに関心を持っているわけではありません。特に，企業経営者や各企業の営業や販売等の担当者にとって景気の将来も大いに気になる事柄でしょう。

　これまでの景気上昇は近い将来も続くのでしょうか。それとも間もなく下降に転じるのでしょうか。あるいは，現在の景気後退はなおしばらく継続するのでしょうか。それとも近いうちに回復に向かうのでしょうか。人々は景気の将来見通しにも強い関心を持ちます。

　残念ながら，景気がこれからどうなるのか正確なところは誰にもわかりません。ただ，統計データや経済理論に基づいて将来の景気動向をある程度，予想することは不可能ではありません。

　実際，各国の政府や中央銀行（日本では日本銀行），シンクタンク（民間研究機関）は最近の景気動向の分析や経済成長率等の将来予測を行い，その一部は新聞等のメディアでも報じられます。これが景気の見通しに関する記事になります。

　さて，景気後退が深刻になることが予想されれば，政府や日本銀行は，その事態をただ静観しているわけではありません。たとえば，政府は新たに補正予算を組み，あるいは減税を実施し，日銀は政策金利を引き下げるでしょう。

　このような政策が有効であれば，事前に予想された景気後退は回避されるにちがいありません。将来の景気動向は，政府や中央銀行の財政金融政策によっても影響を受けます。

　景気の見通しに関する記事はさらに，
　a）　経済分析や経済見通し
　b）　財政金融政策
についての記事に分類されます。

2.4　主な経済指標

　各種メディアの経済記事を見て最初に気づくことは数字が多いことで
しょう。たとえば，新聞の経済欄は株価や商品価格，生産量などの統計
データであふれています。

　このように統計が多用されることが，経済記事が，どちらかと言えば敬
遠される1つの原因かもしれませんが，経済変動をある程度，客観的に記
述しようとすれば，統計データを用いることは避けられません。景気動向
について言えば，非常に多くの場合，その時々で単に景気がよいのか悪い
のかだけでなく景気がどの程度，よいのか悪いのかが問われるからです。

　統計データに接することで経済変動に関してさらに正確なイメージが得
られるでしょう。

　これらの経済統計を経済指標ともいいます。私たちは，経済指標を見る
ことで国内経済の動向を把握できるからです。メディア等では，どのよう
な経済指標が取り上げられるのでしょうか。

　表2-1では，メディア等でよく取り上げられる主要経済データの最近
の動向を示しました。

　経済指標の詳しい解説は次の章で行うことにして，ここではとりあえず
経済変動と関連が深い経済指標の紹介だけをしておきます。便宜上，経済
統計を13頁以下の4つの項目に整理します。

	2013年	2014年	2015年	2016年	2017年	2018年	2019年
完全失業率 （％）	4.0	3.6	3.4	3.1	2.8	2.4	2.4
有効求人倍率1) （倍）	0.93	1.09	1.20	1.36	1.50	1.61	1.60
鉱工業生産指数2) （2015＝100）	99.2	101.1	100.0	100.0	103.1	104.2	101.1
機械受注3) （億円）	241,237	258,645	263,807	266,474	273,865	282,931	266,097
新設住宅着工戸数 （千戸）	980	892	909	967	965	942	950
新車登録台数4) （千台）	3,263	3,290	3,150	3,245	3,391	3,348	3,285
外国為替相場 （1ドル＝円）	105.30	120.64	120.50	116.80	112.90	110.83	109.12
日経平均株価5) （円）	16,291	17,450	19,033	19,114	22,764	20,014	23,656

表2-1 主要経済データ：2013—2019

注1：新規学卒者を除き，パートタイムを含む。
2：製造工業。
3：主要280社，船舶を除く。
4：乗用車，トラック，バスの合計。
5：年末。
出所：総務省統計局資料。

2.4.1　生　　産

　国内での生産活動全般を示す経済指標は国内総生産（GDP）です。国内総生産は1年間の財とサービスの生産を記録します。正式には，国内総生産は，内閣府が毎年，内閣府のホームページに公開している『国民経済計算年次推計』に発表されますが，新聞紙上では4半期ごとに過去3カ月間のデータが報じられます。

　詳細は第3章で説明することにして，ここではとりあえず国内総生産（GDP）が財とサービスの生産全般の記録であることを押さえておきましょう。国内総生産（GDP）は農業から工業，サービス業に及ぶ国内の産業全体を対象とします。

　一方，経済産業省が毎月発表する鉱工業生産指数は，それより多少限定的であり，鉱業や各種製造業の動きのみを示します。

　また，主要産業の生産や出荷の統計もあります。日本自動車工業会が自動車国内生産統計を公表するなど各業界団体は産業ごとのデータを公表しており，その一部は時々メディアで取り上げられます。自動車以外では，粗鋼生産，パソコン国内出荷，ビール系飲料出荷などの統計が報道されることが多いようです。

2.4.2　雇用・労働

　雇用・労働に関する統計の中で特に注目されるものは完全失業率でしょう。総務省は毎月，完全失業率を発表し，その動向はたいてい，有効求人倍率とともに新聞などのメディアで取り上げられます。もちろん完全失業率の上昇や有効求人倍率の低下は雇用情勢の悪化を示し，完全失業率の低下や有効求人倍率の上昇は雇用情勢の改善を示します。

　完全失業率や有効求人倍率以外では大学や高校の卒業予定者の就職内定率も比較的よく報じられます。大学生の就職状況は景気動向に大きく左右

されることは周知のとおりです。

　最後に，給与や賃金の統計も忘れてはなりません。厚生労働省は『毎月勤労統計調査』に現金給与総額，名目賃金指数，実質賃金指数などの賃金統計を発表しています。

2.4.3　販売・支出

　国内支出全般を示す経済指標は国内総支出（GDE）であり，新聞紙上では国内総生産（GDP）とほぼ同時に発表されます。もっとも，第3章で説明するように国内総支出の大きさは理論上，国内総生産の大きさに等しくなります。

　国内総支出は消費や投資などから構成されます。後から説明するように，マクロ経済学では伝統的に財に対する需要の大きさが財の供給量を決定すると考えられてきました。そのため，景気動向の分析では何より国内総支出の諸項目の動きに関心が集まります。

　消費は家計の主要な支出項目であり，投資は企業の主要な支出項目です。

　消費と投資については詳細な個別統計が整備されています。消費に関する代表的な統計は総務省の「家計調査」です。総務省の「家計調査」は，農林漁業を営む世帯と単身世帯を含む総世帯の毎月の消費状況を調査しています。家計消費支出を見れば毎月の消費動向がわかります。

　一方，投資については，とりわけ企業の設備投資がメディアの関心を集めています。実質機械受注は投資に関する代表的な統計です。実質機械受注は，船舶と電力を除く機械メーカーの受注量であり，企業の設備投資の動向を反映します。

　なお，景気判断にとって重要なのは需要の大きさだけではありません。しばしば需要と供給の大小関係も問題になります。財の需要が財の供給を上回るとき，市場では財の超過需要が見られます。逆に財の供給が財の需

要を上回るとき，市場では財の超過供給が発生します。財の超過需要は価格上昇を，財の超過供給は価格下落を招くでしょう。価格は財やサービスの需給状況に敏感に反応します。

物価動向を示す統計のうちで比較的よく取り上げられるのは消費者物価指数と企業物価指数です。

もっとも，経済全体の動きだけでなく個別産業の動向や特定の商品の値動きも見逃すことはできません。新聞などのメディアでは，新車販売台数，新設住宅着工戸数，百貨店・スーパー売上高が報じられることが多く，特定の商品については，近年，特に原油価格の動向が注目されます。

2.4.4　将来見通し

将来のことは誰にもわかりませんから，厳密な意味で将来に関する統計というものはありません。それでも，人々が将来に対し，どのような見通しを持っているかを知ることはできます。

将来の見通しが明るくなれば，企業は事業拡大に意欲的になるでしょう。企業は生産設備の増強や新店舗の展開を計画しますが，生産設備の増設や新店舗の建設のためには設備投資資金が必要です。企業が設備投資資金の調達のために社債を発行すれば，他の条件が変わらない限り，債券市場で債券価格が低下し，金利が上昇するでしょう。一方，一般に投資家は社債や株式を購入して企業の資金需要に応じます。投資家にとって社債は安全資産と，それに対して株式は危険資産と見なされます。しかし，将来の見通しが明るければ，投資家は進んで危険資産を購入します。投資家が株式の購入を増やせば，他の条件を不変として株式市場で株式価格が上昇するでしょう。

金利や株式価格の動きは人々の将来に対する見通しを反映します。

金利については国債の流通利回りや住宅ローン金利の動向が注目されま

す。

　一方，株式価格の動きを示す代表的な指標は日経平均株価と東証株価指数（TOPIX）です。日経平均株価は基本的に，東京証券取引所第一部で取引される225銘柄の株式価格の平均値です。なお，この225銘柄は東証第一部の全上場銘柄数ではないことに注意しましょう。東証第一部には1,500以上の銘柄が上場されています。

　日経平均株価が特定の銘柄を対象としているのに対し，東証株価指数は東証第一部の全銘柄を対象とする時価総額方式の株価指数です。

2.5　景気動向

　典型的には，第4章で詳しく説明するように景気上昇局面では生産と雇用が拡大し，販売が伸び，物価の上昇が続きます。それに対し，景気後退局面では生産と雇用が縮小し，販売が落ち込み，物価の下落が始まります。

　そうであれば，読者は前節の経済指標から景気の現状判断は比較的容易であると思われるかもしれません。しかし，実際には生産や雇用，販売，支出等が歩調を合わせて推移することはまれであり，改善した指標と悪化した指標が交錯する中で景気動向を判定することは決して容易ではありません。

　景気判断ではしばしば，相反する動きを総合的に評価することが求められます。そのような総合的な景気指標の中で代表的なものは景気動向指数です。

　内閣府は毎月，景気の現状把握や将来予測のために景気動向指数を公表しています。景気動向指数の内容や利用方法は第4章で詳しく説明しますが，景気動向指数の上昇は基本的に景気拡大を，景気動向指数の下降は景気後退を意味すると考えてかまいません。

　さて，景気動向指数をはじめ多くの景気判断は数値で示されますが，もっと直接的に景気動向を知る方法はないのでしょうか。

　月例経済報告では景気の基調判断が言葉で示されます。経済財政担当相は毎月，月例経済報告を関係閣僚会議に提出します。この月例経済報告では，たとえば景気は「このところ回復が緩やかになっている」とか「弱含んでいる」といった表現が使われ，景気の基調判断はメディアでも取り上げられます。

2.6　経済記事の読み方

　この章では，経済記事の種類や経済指標，景気動向に関する報道について説明してきました。最後に，改めて新聞の経済記事を読むに際しての注意点を整理しておきましょう。

　慣れない読者は新聞等の経済記事を難しいと感じるかもしれません。確かに経済記事では普段はあまり使わない専門用語が用いられ，特有の論理が示されることが多く，その点で難しく感じられるのでしょう。それだから，経済記事を読む際は逆に，これらの点に気をつければよいのです。

　経済記事を読むときの注意点は
　a）　経済用語の意味を知ること
　b）　経済のしくみを理解すること
です。

　次の第3章では特に重要な経済用語を解説します。一方，経済のしくみを学ぶことは経済学を学習することにほかなりません。私たちは第4章以下で景気循環や経済成長を中心に経済のしくみを学びます。

　本書を通読すれば，読者には実際の経済記事を読む力が相当程度，身につくでしょう。あとは，興味を持った経済記事を実際に読み進めていけば

よいのです。

とはいえ，場合によっては本書で学ぶ以上の知識が必要になることもあるかもしれません。現実の経済では従来と異なる経済問題が生じる一方で，経済に対する認識が深まり，新しい経済制度も創設されますから，この点はやむを得ないでしょう。

実は，そのような場合に役立つ経済記事読解の解説書がいくつかあります。ここでは，その中の1つ，

　　　岩田規久男著『日経を読むための経済学の基礎知識』日本経済新聞社

を紹介しておきましょう。この本の表題は「日経を読むための」となっていますが，内容は日本経済新聞の記事だけを対象とするものではありません。一般紙はもちろん各種メディアの経済記事を読むのにも有益でしょう。

また，辞典類も積極的に活用するとよいでしょう。新聞などのメディアでは，日々生じる新しい出来事や現象を説明するのに新しい言葉が作られることも少なくありません。新しい用語の意味を知るには現代用語辞典が便利です。代表的な現代用語辞典として，

　　　『現代用語の基礎知識』　　　　　　　自由国民社

を挙げておきましょう。一部の現代用語辞典はインターネット上でも利用できます。

さらに，新聞では，経済理論を駆使して最新の経済事件の解説記事が書かれることもあります。経済理論の概略や高度な経済学の専門用語の意味を知るには経済学辞典が役に立ちます。まずは，

　　　伊東光晴編『現代経済学事典』　　　　岩波書店

などの小辞典が手頃で使いやすいでしょう。

練習問題

1. メディアを活用して次の経済指標の最新データを調べなさい。
   (1) 四半期の国内総生産と経済成長率
   (2) 完全失業率
   (3) 全国消費者物価指数
2. 次の事柄について書かれた最新の経済記事を探しなさい。
   (1) 景気動向指数
   (2) 月例経済報告
3. 新聞などのメディアを活用して日経平均株価の次のデータを探しなさい。
   (1) 直前の取引日における日経平均株価の終値
   (2) 前年の最後の取引日における日経平均株価の終値
   インターネット上では日経平均プロフィル（http://indexes.nikkei.co. jp/nkave/archives/data）で日経平均株価の日次，月次，年次のデータを見ることができます。
   なお，各取引期間中，最初についた株式の値段を始値，最後についた値段を終値，最も高い値段を高値，最も安い値段を安値といいます。
   また，証券取引所における各年の最初の取引日を「大発会」，最後の取引日を「大納会」といいます。

第3章 経済統計でわかるマクロ経済

3.1　この章の目的

　日本国内では多くの企業が生産活動に励み，多くの家計が消費生活を営んでいます。もちろん消費生活には数々の財やサービスが必要であり，企業は家計に，これらの財やサービスを供給しています。その一方で，生産活動にも各種の生産要素が必要であり，家計は企業に，労働をはじめとする生産要素を供給しています。企業が数々の財やサービスを販売し，家計が，これらの財やサービスを購入する市場を財市場といいます。また，家計が労働力を販売し，企業が労働力を購入する市場を労働市場といいます。改めて日本国内では家計や企業など多くの経済主体が経済活動に従事し，これらの経済主体の間に，市場取引を中心とする経済関係が結ばれます。多数の企業や家計からなる1つの国の経済全体をマクロ経済といいます。日本経済とは正確には日本のマクロ経済のことです。**図3－1**にマクロ経済の基本構造を図示しました。

　マクロ経済の基本構造には政府も中央銀行も出てきません。現実の経済では政府は必要があれば財政政策を立案し，中央銀行は金融政策を実施するでしょう。しかし，マクロ経済の基本構造は民間の経済主体だけで構成されます。大多数の財やサービスは財市場で取引され，また各種生産要素は生産要素市場で取引されますが，これらの市場は通常，市場参加者の自由な取引によって運営され，外からの介入を必要としません。市場経済は，外からの介入を必要としない自立的な体系であると考えられています。

図3-1 マクロ経済の基本構造

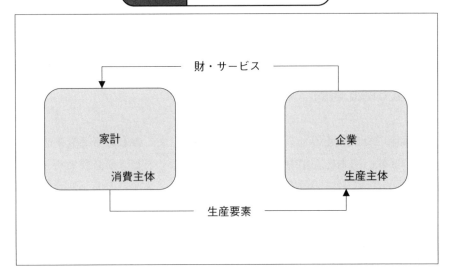

　複雑な経済変動に対して確かな見通しを得るために，マクロ経済の基本構造をしっかりと理解しましょう。

　この章では，国内総生産（GDP）を中心にマクロ経済に関連する経済統計の詳しい解説を行います。マクロ経済統計はマクロ経済学の分析枠組みと無関係ではありません。マクロ経済統計の理解を深めるとともにマクロ経済学の諸概念を学習しましょう。

3.2　国民所得

　国内総生産（GDP）が国内の生産活動全般を示す経済指標であることは第2章で述べました。実は，国内総生産（GDP）や国民総生産（GNP）はどちらも国民所得と総称される経済統計の1つです。

　もちろん国内総生産と国民総生産の違いを知っておくことは重要ですが，細かい統計上の区別は後で述べることにして，まずは国民所得の意味を明らかにしましょう。国民所得はマクロ経済学とともに，経済統計の 1 分野である国民経済計算（System of National Accounts）でも論じられます。経済統計では国民所得の正確な計測が問題になります。一方，マクロ経済学では国民所得が何を表しているかが重要です。

3.2.1　国民所得の定義

　日本をはじめ各国では年々，各種の財やサービスが大量に生産されます。国民所得は毎年の生産活動の成果を記録しています。ただし，その成果全体を記録しているわけではありません。ある国で 1 年間に生産された財の全体を総生産物と呼び，さらに，その総生産物を作るのに必要な原材料の全体を補填需要と呼びましょう。国民所得とは決して総生産物ではありません。

　国民所得とは純生産物であり，それは総生産物から補填需要を差し引いた残余です。すなわち，

$$（国民所得）＝（純生産物）$$
$$＝（総生産物）－（補填需要）$$

と書くことができます[1]。

　国民所得は国全体の生活の豊かさを，より正確には物質的な豊かさを測っています。国民所得が増えれば，国民はその分，全体として豊かな物質的生活を享受できるでしょう。

3.2.2　若干の注意

　国民所得の定義は単純ですが，若干の注意が必要です。

　第一に，この定義による国民所得は金額表示ではありません。日常会話では各人の年間所得とは1年間の貨幣収入を意味します。しかし，人々が稼いだ貨幣所得は彼らの生活の豊かさを測る適切な尺度ではありません。ある財の価格が上がれば，同じ予算額で購入できるその財の量は減るでしょうし，大多数の財の価格が高騰すれば，貨幣収入が変わらなくても生活水準の低下は避けられません。

　近年，日本では急激なインフレーションは起きていません。しかし，日本でも1970年代には狂乱物価と呼ばれたほどの激しい物価上昇が発生しましたし，21世紀に入ってからもアフリカ南部の発展途上国で，物価上昇率が年率7000％を超えるハイパーインフレーション（hyperinflation）が起き，たとえば，パンの価格が2カ月で3倍になりました。さらに2010年代後半にもラテンアメリカのベネズエラでハイパーインフレーションが発生し，物価上昇率は一時，年率で200万％を超えました。統計的には年率500％以上の物価上昇をハイパーインフレーションと呼びます。

　実際の統計では，以下で述べる計測の困難から，国民所得はすべて貨幣単位で，日本であれば円で計測されます。

　しかしながら，本来の意味での国民所得は純生産物であり，その大きさは財の量で測られなければなりません。

　第二に，国民所得に含まれる財の種類は相当に広いということです。人々の生活の豊かさを測るとはいえ，総生産物は，食品や日用雑貨・家電製品など人々が直接消費する消費財だけを含むのではありません。総生産物は，各家計が購入する消費財はもちろん，それを生産する機械や工場施設などの生産設備，さらには人々が共同で利用する道路や港湾，交通機関，各種公共施設を含みます。総生産物は文字どおり，各国で1年間に生産された財の全体を示します。

　なお国民所得は，物的な生産物と並んで教育や医療，情報通信などの各

種サービスを含みます。それゆえ，国民所得を物的な財とすることは正確ではありません。しかしながら，本書では以下，表記を簡単にするために財とサービスを多くの場合，財で代表させることにしましょう。

3.2.3　1財モデル

総生産物は多種多様な財からなります。同様に，補填需要も各種原材料からなります。それでは，異なる種類の財や原材料を集計し，その上で純生産物の量を算出するにはどうすればよいのでしょうか。

実際上の統計処理は非常な困難を伴いますが，理論的には，この困難を回避し，純生産物の量を計算する有効な方法があります。やや抽象的ですが，純生産物の意味が正確に理解できるよう，この方法を紹介しておきます。

いま，ある国では，ただ1種類の財，たとえば米だけが生産されていると想定しましょう。さらに，米は米自身を用いて生産されるとしましょう。すなわち，米の生産には，タネモミとしての米だけが必要であり，農具や肥料など他の投入は一切，用いられません。このとき，この国で1年間に生産された財は米だけであり，米を作るのに必要な原材料も米だけです。

総生産物と補填需要が同じ種類の財であれば，純生産物を計算することは難しくありません。たとえば，この国の総生産物が米10トン，補填需要が米1トンであるとき，国民所得の定義より，この国の国民所得は米9トンです。

ここで，国民所得が重さで量られていることに注意しましょう。本来の意味での国民所得が純生産物である以上，その理想的な計測単位は貨幣単位ではなく物量単位です。

さて，この国の国民は今年，純生産物の一部を消費し，残りを次の年の生産拡大のために貯蓄しておくかもしれません。しかし，純生産物である

9トンの米をどう処分しようとも，この国の国民は次の年，困窮すること
はありません。米1トンをタネモミとして確保しておけば，やはり10トン
の米を生産できるでしょう。というのは，たとえ9トン全部を消費し尽し
たとしても，この国は次の年，同一の生産技術の下，同じ生産水準を維持
することができるからです。

　マクロ経済では多種多様な財が生産されており，そのために分析が複雑
になることは十分考えられます。この困難を克服する1つの方法は財の種
類を減らすことです。

　この項では経済全体でただ1種類の財が生産されると想定しました。こ
のような想定を1財モデルといいます。マクロ経済モデルを構成する際に
は，この想定が，しばしば採用されます。

3.2.4　実質国民所得と名目国民所得

　本来の意味での国民所得は純生産物ですが，各種原材料が生産過程に投
入されて多種多様な財が産出される現実の経済において，種々の財や原材
料を物量単位で集計し，純生産物を算出することはできません。

　そこで，実際の統計では，これらの財や原材料が貨幣単位で集計され，
純生産物の価格総額が求められます。こうして求められた計測値が名目国
民所得（nominal national income）です。名目国民所得は純生産物の価格総
額にほかなりません。

　一方，実質国民所得（real national income）は純生産物の財の量です。
名目国民所得があくまで名目（nominal）であるのに対し，実質国民所得
こそ真の（real）国民所得です。

　実際の統計では，基準年を決め，基準年の価格を用いて計測年の財と
サービスを貨幣単位で集計して，計測年の実質国民所得を算出していま
す[2]。こうして基準年から計測年までの物価変動の影響が除去されます。

より進んだ学習では，実質国民所得を算出する統計処理にも精通しておくべきでしょう。しかし，初歩の段階ではまず，実質国民所得と名目国民所得の相違を確実に理解することが望ましいのです。

3.2.5　国民所得の種類

　各国の政府は毎年毎年，自国の国民所得を計測していますが，実際の計測に際しては，その正確さや範囲が問題になります。また，メディアで報じられるのは国内総生産をはじめ実際の計測値です。そこで，最後に，実際の計測に関連して国民所得の種類について触れましょう。

　第一に，正確さに関しては国内総生産（GDP），国内純生産（NDP），要素価格表示の国民所得の3つが区別され，この順に正確さが増します[3]。
　企業は，機械設備や建物などの固定資本を最大限，耐用年数に達するまで長年にわたって使い続けることができます。とはいえ，この間にも機械設備や建物の老朽化は年々，少しずつ進みます。固定資本の価値は，この老朽化により減価し，この減価分を固定資本減耗といいます。国内総生産（GDP）では固定資本減耗が控除されずに残ります。
　国内総生産（GDP）が固定資本減耗を含むのに対し，国内純生産（NDP）は，固定資本減耗を含みません。
　ところで，国内総生産（GDP）は市場価格表示であるため，計測値は間接税分だけ過大に，補助金分だけ過少に評価されます。消費税や酒税，たばこ税など財やサービスにかかる税を間接税といいます[4]。企業などの納税者は間接税分を財やサービスの価格に上乗せします。一方，日本では国内農業保護のために農家に農業補助金が支払われます。農業補助金が支給されれば，農家は，その分だけ価格を下げて農産物を出荷できます。
　国内純生産では固定資本減耗が控除されますが，なお（間接税－補助

---

column 1. 要素価格

　労働者は機械を動かして工業製品を生産し，農民は土地を耕して農産
物を生産しますから，生産活動には労働・土地・資本が必要です。企業
は，これらの生産要素を外部から調達します。なお資本について若干の
説明が必要でしょう。企業は資本を調達し，資金を準備した上で機械等
の資本設備を購入します。

　もちろん，人々が対価なしに，これらの生産要素を提供することはあ
りません。一方，企業も，これらの生産要素の提供に対して対価を支払
います。具体的には企業は労働者に賃金を，地主に地代を，投資家に利
子を支払います。賃金は労働の，地代は土地用役の，利子は資本用役の
対価であり，賃金・地代・利子は要素価格と呼ばれます。

金）に相当する分を含みます。

　最後に，要素価格表示の国民所得では，（間接税 – 補助金）も控除され，
3つのうちで一番正確な計測値が得られます。労働・土地・資本を生産要
素といいますが，賃金・地代・利子は，いわばそれぞれの価格であり，要
素価格と呼ばれます[5]。

　第二に，計測の範囲に関しては国内総生産（GDP）と国民総生産
（GNP）を区別しなければなりません。

　たとえば，日本の総生産という場合，日本国内で生産された総生産を意
味するのでしょうか。それとも，日本国民が生産した総生産を意味するの
でしょうか。

　日本の国内総生産（GDP）は日本国内で生産された総生産である一方，
日本の国民総生産（GNP）は日本国民が生産した総生産です。

　もちろん，すべての日本国民が日本国内に住み，しかも日本国民以外の者が日本国内に住むことがなければ，両者は一致します。しかし，そうでなければ両者は一致しません。

　国外に居住する日本国民の生産活動の成果が，たとえば投資収益の形で国内に送金されるとき，その送金分は国民総生産（GNP）に含まれますが，国内総生産（GDP）には含まれません。逆に，日本で働く外国人労働者の賃金の一部が本国に送金されるとき，その送金分は国内総生産（GDP）に含まれますが，国民総生産（GNP）には含まれません。

　国内総生産（GDP）と国民総生産（GNP）は概念上，区別され，一般に異なる値をとります。そうはいっても，実際の統計では両者の差は想像されるほど大きくはありません。というのは，国民所得統計における国民とは居住者を指し，国内に一定期間以上[6]，滞在している個人や企業は居住者と見なされるからです。

　長年，日本の国民所得統計では国民総生産（GNP）が大きな役割を演じてきました。しかし，2001年以降，国民総生産（GNP）は公式統計としては姿を消してしまいます。また，メディアでも近年は，もっぱら国内総生産（GDP）が報道されるようになりました。

　国民総生産（GNP）に代わるものは国民総所得（GNI）です。国民総所得（GNI）は正確には所得概念ですが，その値は国民総生産（GNP）の値に等しいのです[7]。

3.3　経済成長

3.3.1　経済成長の定義

　人々は経済成長という語から何を思い浮かべるでしょうか。各家庭にテ

レビや冷蔵庫などの家電製品が増え，消費生活が豊かになることでしょう
か，それとも，臨海工業地帯に製鉄所や石油コンビナートが立ち並び，都
市部で高層ビルの建設が続く様子でしょうか。あるいは，全国に鉄道網や
高速道路網が展開していく様子かもしれません。

　人々は，経済成長という語からさまざまなイメージを思い描きますが，
経済用語としての経済成長はもっと明確な意味を持っています。経済成長
とは単純に国民所得の増加です。

　それでも，この意味での経済成長も決して人々のイメージから懸け離れ
ているわけではありません。すでに述べたように純生産物は，毎年新しく
生産される各種消費財や工場設備，公共施設を含み，経済成長は消費財や
生産設備などの増大を意味します。

3.3.2　経済成長率

　現実の統計を見ればわかるように国民所得は年々変化しており，ある時
は急速に，また，ある時は緩やかに増加します。たとえば，1950年代後半
から1970年前後にかけては高度経済成長期と呼ばれ，日本では今日と比べ
て相当に速いスピードで国民所得が増大しました。中国も2010年代の前半
まで，かつての日本に匹敵するほどの目覚ましい成長を続けていました。

　経済成長の速度は時代によって地域によって大きく異なります。

　それでは，経済成長のスピードはどのようにして測られるのでしょうか。
よくメディアに登場する経済成長率は，実は，国民所得が増加する速さを
測っています。とはいっても，経済成長率は単純な意味での速さ，すなわ
ち1年間における国民所得の増加分ではありません。経済成長率は厳密に
は以下のように定義され，一言で言えば国民所得の伸び率あるいは変化率
です。

　今年の国民所得と去年の国民所得が与えられたとき，今年の経済成長率

は，次の式，

$$(今年の経済成長率) = \frac{(今年の国民所得) - (去年の国民所得)}{(去年の国民所得)}$$

を用いて求められます。これが経済成長率の定義式です。

　ここで，この定義式が分数式であることに注意しましょう。経済成長率は1つの比率であり，通常，上の式で求められた値に100をかけて％（パーセント）で表示されます。

　若干の記号を導入すれば，経済成長率の定義式は一層，簡潔になります。すなわち，今年の国民所得をY_t，去年の国民所得をY_{t-1}，さらに今年の経済成長率をy_tと置けば，経済成長率の定義式は，

$$y_t = \frac{Y_t - Y_{t-1}}{Y_{t-1}}$$

と書き換えられます。添え字tや$t-1$を付けることで今年と去年の国民所得を区別しています。このような記号法は後に，景気循環や経済成長のモデルを説明する際に多用されます。

　なお，前節の国民所得の説明では実質国民所得と名目国民所得を区別しました。同様に，経済成長率にも実質経済成長率と名目経済成長率の区別があります。実質経済成長率は実質国民所得の伸び率である一方，名目経済成長率は名目国民所得の伸び率です。

3.3.3　経済成長のパターン

　新聞報道等を注意深く見ていると，しばしば見出し等でゼロ成長とかマイナス成長とかの語が使われていることに気づくでしょう。これらの語はいったい何を意味するのでしょうか。

　私たちはすでに経済成長率の定義を学びました。この定義に立ち返って，まずはゼロ成長の意味を考えてみましょう。ゼロ成長とは経済成長率がゼロであることにほかなりませんが，このことは何を意味しているのでしょうか。

　もし今年の経済成長率y_tがゼロであれば，経済成長率の定義式より，

$$0 = \frac{Y_t - Y_{t-1}}{Y_{t-1}}$$

です。すぐにわかるように，

$$Y_t = Y_{t-1}$$

ですから，今年の国民所得Y_tは去年の国民所得Y_{t-1}に等しくなります。

　ゼロ成長とは前年と比べて国民所得の増減がないことを意味します。

　次に，マイナス成長の意味を考えましょう。マイナス成長とは経済成長率がマイナスである状況を指します。もし今年の経済成長率y_tがマイナスであれば，定義式より，

$$0 > \frac{Y_t - Y_{t-1}}{Y_{t-1}}$$

です。去年の国民所得Y_{t-1}は正であるのが普通ですから，容易に，

$$Y_t < Y_{t-1}$$

が得られ，今年の国民所得Y_tは去年の国民所得Y_{t-1}より小さいことになります。

　マイナス成長とは前年と比べて国民所得が減少することを意味します。

　最後に，同様に考えれば，プラス成長の意味もわかります。プラス成長

とは前年と比べて国民所得が増加する状況です。

　結局，経済成長にはゼロ成長，マイナス成長，プラス成長の３つのパターンがあります。

　３つのパターンの意味を覚えてしまうことはたやすいのですが，ここでは，あえて経済成長のパターンを経済成長率の定義と結びつけました。ゼロ成長などの呼び方は経済成長率の定義と無関係ではありません。

3.3.4　景気の山と谷

　図３-２には2003年からの実質国内総生産の推移を，図３-３には同じ時期の実質経済成長率の変動を示しました。国民所得と経済成長率の変動から何が読み取れるでしょうか。

　図３-２からは何はともあれ，この十数年間にわたって，国民所得が増えていることがわかります。また，図３-３が示すように，経済成長率も若干の例外を除いて正の水準を維持します。日本経済は長い目で見れば確かに成長を続けています。とはいえ，２つのグラフから読み取れるのは経済成長ばかりではありません。図３-２から国内総生産は拡大傾向を維持しつつも，ある時は大きく伸長し，また，ある時は急激に落ち込むのがわかるでしょう。また，実質経済成長率も基本的に０～２％の間で推移しつつも，図３-３からわかるように，2008年から2010年にかけて上下に振動しました。

　1951年以来，内閣府は景気循環に関して景気基準日付を設定しています。表３-１はこのうち1990年代以降のものを示しました。景気基準日付は景気の山と景気の谷の年月を記録しています。

　景気の山は景気の上方転換点であり，景気の山を境に景気拡大は景気後退へ転じます。一方，景気の谷は下方転換点であり，景気の谷を境に景気

| 図3-2 | 日本の実質国内総生産：2003—2018 |

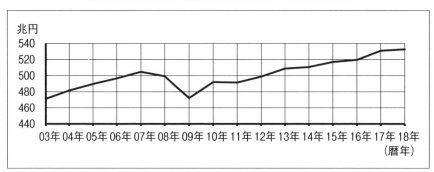

注：2011年連鎖価格。
出所：内閣府「2018年度国民経済計算」。

| 図3-3 | 日本の実質経済成長率：2003—2018 |

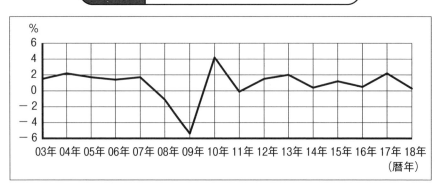

注：2011年連鎖価格。
出所：内閣府「2018年度国民経済計算」。

表 3 - 1		景気基準日付：1993—2020			
	谷	山	谷	期間	

	谷	山	谷	拡張	後退	全循環
第12循環	93年10月	97年 5 月	99年 1 月	43カ月	20カ月	63カ月
第13循環	99年 1 月	00年11月	02年 1 月	22カ月	14カ月	36カ月
第14循環	02年 1 月	08年 2 月	09年 3 月	73カ月	13カ月	86カ月
第15循環	09年 3 月	12年 3 月	12年11月	36カ月	8 カ月	44カ月
第16循環	12年11月	18年10月 （暫定）		71カ月		

出所：内閣府「景気動向指数」。

は後退から回復へ向かい，１つの景気の谷から次の景気の谷までが１つの循環です。したがって，景気基準日付を見れば，日本経済において，景気循環を構成する各々の循環が，いつ始まり，いつ終わったかがわかります。

　1950年代初め以来，循環は全部で15を数えました。最近では，第15循環が2009年の景気の谷に始まり，2012年の景気の谷で終わりました。続いて第二次安倍政権の発足とともに第16循環が始まり，2020年現在で第16循環の景気の山は2018年10月であったと考えられています。景気基準日付によれば，景気は2018年を過ぎて後退に転じました。

　この景気基準日付と実質国内総生産や実質経済成長率の動向には，どのような関係があるでしょうか。もちろん完全な対応は見られないものの，景気の山の直前では国内総生産の上昇が顕著で経済成長率も高く，一方，景気の谷に先立って国内総生産は低迷し，経済成長率も低くなります。

　景気基準日付は，第４章で見るように景気動向指数の動きを参考に設定されます。景気循環は経済全体の変動であり，生産水準の推移だけに左右

されません。それでも，国民所得統計からは，ここ十数年間の景気動向を
多少ともつかむことができます。

3.3.5 リーマン・ショック以後
　一般に国内総生産をはじめ統計データの背後には，経済的事件や経済政
策の変更に示される人々の決断や行動があり，このような人々の経済行動
全体が景気循環を含む経済変動を導きます。国内総生産や経済成長率の推
移を確認した機会にリーマン・ショック以後の日本の景気循環過程を振り
返っておきましょう。
　それまでアメリカの大手投資銀行が破綻するはずがないと信じられてい
ましたから，2008年9月，大手投資銀行リーマン・ブラザーズが経営破綻
したことは世界の金融市場に衝撃を与えます。疑心暗鬼に陥った短期金融
市場ではドル資金の調達が困難になって欧米の金融機関に経営危機が拡大
し，多くの中小金融機関の経営が破綻しました。さらに新興国からは投資
資金が国外に流出しました。事態は一挙にグローバル金融危機に拡大しま
す。2008年以降の日本経済の歩みを**表3-2**に整理しました。
　グローバル金融危機に直面し，2008年11月に世界20カ国・地域（G20）
首脳による第1回金融サミットが開かれます。同年12月，アメリカ連邦準
備理事会（FRB）は政策金利を事実上，ゼロにまで引き下げるとともに，
民間資産を幅広く購入する非伝統的金融政策に踏み切り，日本銀行も政策
金利を0.1%に引き下げました。加えて各国政府は巨額の景気対策を発表
します。
　グローバル金融危機の影響は実体経済にも及びます。日本でも，輸出が
急激に落ち込み，さらに企業業績の悪化から設備投資や消費が減退し，
2008年と2009年の実質経済成長率はそれぞれ-1.0%と-5.5%になりまし
た。2020年現在，2009年の実質経済成長率の減少幅は戦後最大です。

表3-2　日本経済の歩み：2007—2020

年　月	事　項
2007年8月	フランス銀行大手BNPパリバが傘下ファンドの解約を停止
2008年3月	アメリカ投資銀行ベア・スターンズが経営危機
9月	アメリカ投資銀行リーマン・ブラザーズが経営破綻（リーマン・ショック）
	アメリカ保険最大手AIGグループへ公的支援実施
	ベネルクス3国，欧州金融大手フォルティスを実質国有化
10月	アイスランド，銀行システムを政府管理に
	IMF，アイスランド，ハンガリーなどに緊急支援表明
11月	ワシントンでG20による第1回金融サミット
2009年10月	ギリシャで財政赤字の過少申告が発覚
11月	ドバイ政府，政府系企業の債務返済猶予を申請（ドバイ・ショック）
2010年5月	EUとIMF，ギリシャへの緊急融資を決定（1,100億ユーロ）
11月	EUとIMF，アイルランドへの緊急融資を決定（850億ユーロ）
2011年3月	東日本大震災
4月	EUとIMF，ポルトガルへの緊急融資を決定（780億ユーロ）
10月	ユーロ圏17カ国，ヨーロッパの政府債務危機対応の包括策で合意
2012年3月	ギリシャ債務一部削減で合意
2013年4月	日銀，「量的・質的金融緩和」を開始
2014年4月	消費税率を5％から8％に引き上げ
2016年1月	アジアインフラ投資銀行（AIIB）設立
	日銀，マイナス金利政策を採用
9月	日銀，「長短金利操作付き量的・質的金融緩和」を開始
2018年7月	アメリカ，中国に制裁関税（米中貿易摩擦の開始）
2019年10月	消費税率を8％から10％に引き上げ
2020年1月	イギリス，EU離脱

出所：「日本経済新聞」等より。

　政策当局の対応により世界の金融市場の混乱は2009年秋には，ひとまず収束しました。もっとも，その直後，政府が財政統計を修正したことからギリシャ国債が暴落し，ギリシャで始まった政府債務危機は，同様に財政状況が深刻なポルトガルやアイルランドなどの国々に拡大し，欧州債務危機に発展します。

　2011年3月，東日本大震災が発生しました。地震直後の巨大津波により死者・行方不明者は2万人近くに達し，多くの住宅・店舗・工場が被害を受け，さらに原子力発電所事故により広範な地域が放射能に汚染されました。重大事故への不安から2012年には全国の原子力発電所の稼働が停止し，電力不足が深刻になるとともに代替燃料の輸入が増加します。日本の貿易収支は東日本大震災を契機に赤字に転じました。

　東日本大震災と円高にもかかわらず，景気は2009年3月から上昇を続け，景気拡大は2012年前半まで続きます。

　一方，ヨーロッパでは2012年3月，ギリシャ国債を保有する民間投資家が債権の一部を放棄することに合意し，さらに9月には欧州中央銀行（ECB）が南欧国債を無制限に買い支えることを宣言します。その結果，欧州債務危機による信用不安は2012年後半，ようやく後退しました。

　比較的短期間の景気後退を経て，2012年12月には第二次安倍政権が発足しました。第二次安倍政権は，大胆な金融緩和，機動的な財政支出および民間投資を喚起する成長戦略からなる経済政策「アベノミクス」を打ち出します。短期的には金融政策と財政政策によって景気回復を後押ししつつ，長期的には成長戦略によって日本経済の持続的成長を促すことが「アベノミクス」の狙いでした。「アベノミクス」は当初の狙い通りの成果を上げたでしょうか。

　2013年1月，政府と日銀は，2％の物価安定目標で合意し，さらに同年4月，黒田日銀新総裁は，消費者物価の対前年比上昇率2％を2年以内に

実現することを目標に「量的・質的金融緩和」を導入しました。この大規模な金融緩和を 1 つの契機に為替相場は円安に向かい，株式市場で株価が回復します。とはいえ，物価安定目標に関する限り，「量的・質的金融緩和」の成果は芳しくありません。

その後，7 年以上を経て物価安定目標はなお達成されていません。2016年 1 月にはマイナス金利政策が導入され，さらに同年 9 月に，当初の金融政策は「長短金利操作付き量的・質的金融緩和」へと改定されました。しかし，2020年現在で，「量的・質的金融緩和」が目指したデフレ脱却を果たすことができない一方，一部の金融機関に関してはマイナス金利政策の副作用が見られます。また，少なくとも 7 年もの長きにわたった超低金利政策をどのようにして正常化するか，いわゆる「出口戦略」をどう描くかも今後の金融政策の大きな課題になるでしょう。

それでは「機動的財政政策」は成功したでしょうか。第二次安倍政権の発足直後，政府は大規模な政府予算を編成し，公共事業を中心に公共投資が大幅に増加しました。確かに，このような「機動的な財政政策」は景気回復に効果的であったでしょう。とはいえ，2014年以降は巨額な財政赤字もあり，財政支出の拡大はどちらかと言えば抑制されます。実際，財政再建を目指して消費税率が2014年 4 月に 5 ％から 8 ％に，さらに2019年10月に 8 ％から10％に引き上げられました。

財政政策が抑制された半面，「アベノミクス」は金融政策に過度に依存することになりますが，ともあれ，2012年12月から緩やかな景気回復が続きます。景気回復の中で，2016年以降，一部の産業分野で人手不足が深刻になり，新卒学生の労働市場は売り手市場になりました。

金融政策と財政政策が当面の景気回復を目標とするのに対し，成長戦略は日本経済の持続的成長を目指します。新自由主義は，政府が市場経済に対して過度な介入を行って民間企業の活動が抑えられた結果，日本経済の

停滞が生じたと診断しました。そこで，新自由主義の立場に立てば，日本
経済が停滞から脱して経済成長が加速するためには，政府が民間企業に課
している種々の規制が緩和されなければなりません。成長戦略は新自由主
義の立場から，民間企業の経済活動を阻害する政府規制を緩和することを
目指します。成長戦略の下で，法人税減税，国家戦略特別区域制度の創設，
労働規制の緩和，外国人労働者の受け入れ枠の新設など数々の規制緩和が
実施されました。

　さて，「アベノミクス」が日本経済の再生に精力を集中した7年余りの
間，日本経済を取り巻く国際環境は大きく変化し，冷戦後の国際経済秩序
が動揺し始めました。

　グローバル金融危機に直面して2008年11月，世界20カ国・地域（G 20）
首脳による第1回金融サミットが開催されたことは，すでに述べました。
この事実は，従来の国際協調の枠組みである先進7カ国（G 7）首脳によ
るサミットでは，もはや事態を収拾できなかったことを意味します。実際，
中国は大規模な財政出動を実施し，このときの中国の政策対応はグローバ
ル金融危機の早期の収束に少なからぬ貢献をしたと考えられます。

　その後，中国は近年まで堅調に経済成長を続け，同時に国際的な影響力
を高めていきます。2013年秋に「一帯一路」（シルクロード）経済圏構想
を発表し，2016年1月には中国の主導の下，アジアインフラ投資銀行
（AIIB）が設立されました。また，軍事的にも同じ時期，中国は南シナ海
への進出を強め，周辺諸国との間で領有権問題が激化しました。

　一方，アメリカは第二次世界大戦後，長らく自由貿易を推進してきまし
たが，この数年，はっきりと保護主義に転じました。2017年1月に発足し
たアメリカのトランプ政権は，環太平洋経済連携協定（TPP）からの離脱
を表明し，さらにカナダとメキシコに北米自由貿易協定（NAFTA）の見
直しを迫ります。アメリカが2018年7月に中国からの輸入品に制裁関税を

課すと，中国もアメリカからの輸入品に報復関税を発動し，双方の関税引き上げは米中貿易摩擦へと発展します。

　また，アメリカは2017年 6 月，地球温暖化対策の枠組み「パリ協定」からの離脱を表明しました。第二次世界大戦後，アメリカは自由主義諸国の盟主として国際経済秩序の維持と発展に力を尽くしてきましたが，もはやアメリカに自由主義諸国全体の利益に配慮する余裕はありません。アメリカは，この数年間で目に見えて，国際経済秩序を主導する力量と意欲を失いました。

　欧州連合（EU）にも，かつての輝きはありません。南ヨーロッパのイタリアや東ヨーロッパのハンガリーでは2018年，難民や移民の問題を巡ってEUに懐疑的な政権が誕生し，またドイツやフランスなどEU主要国でも難民や移民の排斥を唱える極右勢力が台頭しました。さらにイギリスでは2016年の国民投票でEUからの離脱を選択し，約 4 年間の交渉の末，2020年 1 月にEUから離脱しました。EU諸国の結束も揺らいでいます。

　最後に，地球環境問題がますます深刻になっていることも，2012年以降の日本経済の動向を考える上で重要です。近年，世界各地で異常気象や気象災害が頻発していますが，日本も例外ではありません。日本でも，この数年，表 3 - 3 に示すように毎年のように異常気象や気象災害が発生しています。これらの気象災害は多くの人命を奪うとともに，直接あるいは間接に甚大な経済的損失をもたらしました。

　地球規模での異常気象の背景には地球温暖化があると考えられており，2016年12月には，新たな地球温暖化対策の枠組み「パリ協定」が採択されました。パリ協定では，地球温暖化の影響を緩和するために世界の平均気温の上昇を産業革命以前と比べて 2 度未満，可能であれば1.5度に抑えることを目標にしています。しかし，残念ながら2020年の時点での各国政府の取り組みでは，この目標の達成は難しいと考えられています。

| 表 3 - 3 | 日本の主な気象災害と異常気象：2012―2019 |

年　月	事　項
2012年 7 月	平成24年 7 月九州北部豪雨
2013年 8 月	猛暑
2014年 2 月 8 月	関東甲信，東北，北海道で豪雪 平成26年 8 月豪雨
2015年 8 月	平成27年 9 月関東・東北豪雨
2017年 7 月	平成29年 7 月九州北部豪雨
2018年 7 月	平成30年 7 月豪雨（西日本豪雨） 猛暑
2018年 9 月	平成30年台風21号
2019年 9 月 11月	令和元年房総半島台風（令和元年台風15号） 令和元年東日本台風（令和元年台風19号）

出所：気象庁ホームページ等より。

　2019年末，中国の武漢で発生した新型コロナウイルスは2020年に入って，アジアやヨーロッパから全世界に感染が拡大し，世界各国で非常事態宣言の発令や都市封鎖（ロックダウン）が相次ぎました。世界経済は新型コロナウイルスの感染拡大により急減速します。日本でも 4 月に緊急事態宣言が発令され，2020年 4 ― 6 月期の実質経済成長率は年率で25％を超える戦後最大の落ち込みを記録しました。もっとも，日本経済は，すでに述べたように2018年10月から景気後退局面に入り，2019年10―12月から 3 期連続でマイナス成長が続いていました。新型コロナウイルスの感染拡大は，すでに景気後退局面にあった日本経済に一層の打撃を与えたのです。2020年 9 月，安倍首相は退任し，菅内閣が誕生しました。

3.4　1人あたり国民所得

3.4.1　1人あたり国民所得の定義

　国民所得が国全体の生活の豊かさを示す経済指標であることはすでに述べました。一方，1人あたり国民所得は国民1人ひとりの生活の豊かさを示します。

　国民所得の水準が高いからといって，それだけでその国の国民1人ひとりの生活が豊かであるとは限りません。一般に一国の国民所得は，その国の人口が多ければ多いほど大きくなります。そのため，国民1人ひとりの生活の豊かさを測るには国民所得に加えて人口を知る必要があります。

　国民所得を人口で割ると，1人あたり国民所得が求められます。すなわち，

$$（1人あたり国民所得）=（国民所得）÷（人口）$$

です。人口を N と置けば，1人あたり国民所得 Z は，

$$Z = Y ÷ N$$

と表されます。

　繰り返しになりますが，国民所得が国全体の生活の豊かさを測るのに対し，1人あたり国民所得は国民1人ひとりの生活の豊かさを測ります。各国間の経済格差や一国の経済発展を考えるとき，1人あたり国民所得は特に重要です。

3.4.2　1人あたり経済成長率

　経済成長率は国民所得の伸び率または変化率であり，国民所得が増加す

る速さを測ることはすでに述べました。同様に，１人あたり経済成長率は
１人あたり国民所得の伸び率または変化率であり，１人あたり国民所得が
増加する速さを測ります。

　１人あたり経済成長率の定義式も経済成長率の定義式と同様です。今年
の１人あたり国民所得と去年の１人あたり国民所得が与えられたとき，今
年の１人あたり経済成長率は次の式から求められます。

$$
\left(\begin{array}{c}\text{今年の１人あたり}\\ \text{経済成長率}\end{array}\right) = \frac{\left(\begin{array}{c}\text{今年の１人あたり}\\ \text{国民所得}\end{array}\right) - \left(\begin{array}{c}\text{去年の１人あたり}\\ \text{国民所得}\end{array}\right)}{\left(\begin{array}{c}\text{去年の１人あたり}\\ \text{国民所得}\end{array}\right)}
$$

これが１人あたり経済成長率の定義式です。

　この定義式を，記号を使って書き換えておきましょう。今年の１人あた
り国民所得Z_t，去年の１人あたり国民所得Z_{t-1}に対して，今年の１人あた
り経済成長率z_tは，

$$
z_t = \frac{Z_t - Z_{t-1}}{Z_{t-1}}
$$

によって定義されます。

　国民所得や１人あたり国民所得と同様，人口も毎年，変動することは言
うまでもありません。人口変動についても触れておきましょう。

　人口変動の速さは人口成長率によって測られます。人口成長率は人口の
伸び率または変化率であり，今年の人口と去年の人口が与えられたとき，
今年の人口成長率は，

$$
\left(\text{今年の人口成長率}\right) = \frac{\left(\text{今年の人口}\right) - \left(\text{去年の人口}\right)}{\left(\text{去年の人口}\right)}
$$

によって定義されます。

　この定義式も記号を使って書き換えておきましょう。人口成長率n_tの定義式は，

$$n_t = \frac{N_t - N_{t-1}}{N_{t-1}}$$

と表わされます。ただし，今年の人口をN_t，去年の人口をN_{t-1}と置きました。

　この節では，まず1人あたり国民所得の定義を示し，その上で，1人あたり経済成長率と人口成長率を導入しました。経済成長率は国民所得の，1人あたり経済成長率は1人あたり国民所得の，人口成長率は人口の，それぞれ伸び率でした。それでは3つの伸び率は互いに何の関係もないのでしょうか。

　実は，3つの伸び率の間には，およそ以下の関係式が成り立ちます。

　　　（1人あたり経済成長率）＝（経済成長率）－（人口成長率）

記号で書けば，

$$z_t = y_t - n_t$$

です。

　なお，この関係式について次の2点を注意しておきましょう。

　第一に，この関係式は概ね正しいものの，正確ではありません。厳密な等式では上の式の右辺に残差が加わります。

　第二に，この関係式は，すでに示した経済成長率，1人あたり経済成長率および人口成長率の定義式と無関係ではありません。実際，これらの関係式から簡単な計算により3つの成長率の間の関係を導くことができます。

3.4.3 各国間の経済格差

　数十年以上にわたる長い期間をとれば，どの国や地域でも１人あたり国民所得の増加が見られ，各国は一様に１人あたり国民所得が増大していく発展過程をたどることはよく知られています。

　そうであれば，現時点で１人あたり国民所得が高い国々は，この過程の先頭を歩み，一方，現時点で１人あたり国民所得が低い国々は同じ過程をやや遅れて歩んでいると考えられないでしょうか。１人あたり国民所得が高い国は先進国（developed country）と，一方，低い国は発展途上国（developing country）と呼ばれることが多いのは，このような認識を背景にしています。

　言い換えれば，先進国は相対的に１人あたり国民所得が高く，発展途上国は１人あたり国民所得が低いのです。先進国と発展途上国は１人あたり国民所得の水準によって区別されます。

　世界銀行（World Bank）は毎年，『世界開発指標』を刊行していますが，その図表の１つは「世界概観」と題され，各国の人口，国民総所得（GNI），１人あたり国民総所得等を掲載しています[8]。

　表3-4には『世界開発指標』2020年版の図表に基づいて主要国の１人あたり国民総所得を示しました。

　表3-4において，各国は１人あたり国民総所得の水準を基準に高所得国，中所得国，低所得国に分類されます。たとえば，2018年現在で１人あたり国民総所得が1,025ドル以下の国々が低所得国，1,025ドルより大きく１万2,375ドル以下の国々が中所得国，１万2,375ドルより大きい国々が高所得国に分類されています。

　３つのグループのうち，いわゆる先進国は高所得国に属し，一方，発展途上国は基本的に中低所得国にほかなりません。

　なお，各国を分類する基準は毎年，改定されており，おそらくは，上に

表 3 - 4　**主要国の 1 人あたり国民総所得**

	人口		国民総所得（GNI）[1]		PPP 表示の国民総所得（GNI）[2]	
	（100万人）2018年	平均成長率（%）2000〜18年	（10億ドル）2018年	（1人あたりドル）2018年	（10億ドル）2018年	（1人あたりドル）2018年
オーストラリア	25.0	1.5	1,330.4	53,230	1,250.9	50,050
バングラデシュ	161.4	1.3	282.0	1,750	737.6	4,570
ブラジル	209.5	1.0	1,915.3	9,140	3,320.4	15,850
中国	1392.7	0.5	13,181.4	9,460	25,302.9	18,170
エジプト・アラブ共和国	98.4	2.0	275.4	2,800	1,191.1	12,100
エチオピア	109.2	2.8	86.7	790	219.4	2,010
フランス	67.0	0.5	2,752.0	41,080	3,105.7	46,360
ドイツ	82.9	0.0	3,905.3	47,090	4,524.5	54,560
ハイチ	11.1	1.5	8.9	800	20.9	1,880
ハンガリー	9.8	−0.2	144.3	14,780	291.7	29,860
インド	1352.6	1.4	2,727.9	2,020	10,393.3	7,680
インドネシア	267.7	1.3	1,026.8	3,840	3,392.4	12,670
日本	126.5	0.0	5,226.6	41,310	5,615.7	44,380
ケニア	51.4	2.6	83.1	1,620	176.7	3,440
大韓民国	51.6	0.5	1,580.1	30,600	2,069.8	40,090
フィリピン	106.7	1.7	408.8	3,830	1,145.5	10,740
ロシア	144.5	−0.1	1,507.1	10,230	3,949.8	26,470
スウェーデン	10.2	0.8	565.1	55,490	550.2	54,030
イギリス	66.5	0.7	2,777.4	41,770	3,015.5	45,350
アメリカ	327.2	0.8	20,636.3	63,080	20,837.3	63,690
ベトナム	95.5	1.0	225.9	2,360	661.8	6,930
世界全体	7594.3	1.2	84,476.9	11,124	135,622.6	17,859
低所得国	705.4	2.6	592.9	841	1,665.5	2,361
下位中所得国	3022.9	1.6	6,777.5	2,242	22,998.0	7,068
上位中所得国	2655.6	0.8	23,553.9	8,869	49,525.1	18,649
高所得国	1210.3	0.6	53,586.8	44,275	61,708.7	50,986

注 1 ：世界銀行アトラス方式を用いて算出。
注 2 ：PPP は購買力平価。
出所：世界銀行編著『世界開発指標』2020年版。

　表3-4において中国の1人あたり国民総所得は9,460ドルであり，世界銀行による2018年の分類基準では中国は中所得国です。一方で，中国は，1990年代からの急激な経済成長によって，いまやアメリカに次ぐ経済規模を誇っています。それでも中国は発展途上国なのでしょうか。

　第一に統計的には先進国と発展途上国の区別は1人あたり国民所得の水準に基づいています。確かに中国の国内総所得は日本の国内総所得の2倍ですが，1人あたり国民総所得では中国は日本に及びません。1人あたり国民所得に基づいて分類を行う限り，中国は2018年現在で，なお発展途上国です。

　第二に世界貿易機関（WTO）では中国は発展途上国の地位を堅持しており，通商上も中国は発展途上国です。もっとも，通商上，発展途上国であるかどうかは「自己申告」ですが，中国は自らが発展途上国であると主張し，貿易ルールを定めるWTOの各協定において発展途上国に許された優遇措置を得ています。

　第三に中国は長らく，アメリカをはじめとする先進国に対して自らを発展途上国の代表と自認してきたことも忘れてはなりません。

示した数値も翌年に改定されるでしょう。分類の基準となった数値自体に理論的根拠はなく重要でもありません。ともあれ，重要なことは世界銀行による先進国と発展途上国の区別が基本的に1人あたり国民所得の水準に基づくことです。

3.5 国民所得の三面等価

　最初に国民所得を純生産物と定義した上で，私たちは，これまで国民所得をもっぱら生産面から見てきました。この節では，さらに2つの面で国民所得を見ていくことにしましょう。

3.5.1 分配国民所得

　人々は協力して生産活動に取り組んでおり，その成果は何らかの形で生産活動に関与した人々のものになるでしょう。人々は毎年の生産活動の成果を種々の用途に役立てることができ，その意味で，毎年の生産活動の成果である純生産物は人々の所得と考えられます。それでは毎年の純生産物は誰の手に渡るのでしょうか。国民所得統計では人々が受け取る所得は次の3つの種類に分けられます。

　第一の種類は雇用者報酬です。これは給与生活者が受け取る所得であり，その大部分は賃金や俸給です。

　ただし，正確には雇用者報酬に含まれるのは賃金・俸給だけではありません。たとえば，従業員や労働者はたいてい健康保険組合に所属しており，その保険料負担は労使折半となっています。このうち使用者負担分は給与生活者の所得と見なされ，雇用者報酬は賃金・俸給に加え，健康保険等の社会保障の雇主負担をも含みます。

　第二の種類は財産所得です。国債や社債を保有していれば定期的に利子収入が，株式を保有していれば不定期に配当金が得られるでしょう。また，地主は不動産の賃貸から地代や賃貸料を得るでしょう。財産所得は投資家や株主，地主などが受け取る所得であり，利子・配当・賃貸料からなります。

表 3-5	分配面から見た国民所得

項　　目	実数(10億円)
雇用者報酬	283,694.6
賃金・俸給	241,147.8
雇主の社会負担	42,546.7
財産所得（非企業部門）	26,761.2
一般政府	-388.4
対家計民間非営利団体	338.1
家計	26,811.5
利子	5,385.1
配当（受取）	8,605.2
その他の投資所得	10,269.5
賃貸料（受取）	2,551.6
企業所得	91,010.0
国民所得	401,465.8

出所：内閣府「2018年度国民経済計算」。

　第三の種類は企業所得です。企業は，企業が生み出した付加価値の中から労働者に賃金・俸給を，投資家に利子・配当を，地主に賃貸料を支払います。法人企業の手元には企業利潤が残ります。もう少し詳しい説明をすれば，企業が生み出した付加価値から雇用者報酬を控除した残余が営業余剰・混合所得です。この営業余剰・混合所得に受け取った財産所得を加え，支払った財産所得を差し引けば，企業所得が得られるでしょう。すなわち，企業所得は賃金・俸給や利子・配当・賃貸料など分配所得の受払い後に法人企業の手元に残る企業利潤です。

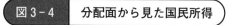

図3-4　分配面から見た国民所得

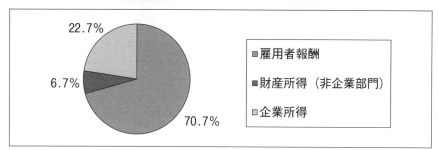

出所：内閣府「2018年度国民経済計算」。

　人々が受け取る所得は，以上の3つで尽くされ，これ以外にはありません。したがって，雇用者報酬，財産所得および企業所得の合計は国民所得に等しくなります。

$$（国民所得）＝（雇用者報酬）＋（財産所得）＋（企業所得）$$

　さて，国民所得が人々の間で分配されることを所得分配といいます。分配国民所得は所得分配の面から見た国民所得の内訳です。なお，各人は，必ずしも受け取った所得の全額を使えるわけではありません。各人が利用可能な所得は可処分所得と呼ばれます。各人が受け取った所得から直接税を差し引き，公的年金などの社会給付を加えれば，可処分所得が得られます。

　表3-5には2018年の分配面から見た国民所得を示しました。また，**図3-4**には雇用者報酬，財産所得，企業所得の割合を示しました。雇用者報酬，財産所得および企業所得はそれぞれ全体の70.7％，6.7％，22.7％を占めます。もちろん，この数値は単年度のデータですが，実は比較的短い期間に限れば，年ごとの大きな変動はありません。

3.5.2 支出国民所得

　人々が，受け取った所得を種々の用途に支出することは言うまでもありません。次に純生産物の利用について考えましょう。まず，経済統計の用語法に従って人々の支出を分類しておきましょう。国民経済計算では4つの支出項目を区別しています。

　第一の支出項目は民間最終消費支出です。消費は正確には現在の消費を意味します。その最もわかりやすい例は生鮮食料品への支出ですが，実際の統計では消費支出は，すぐに消費される財の購入に限りません。統計上の最終消費は，生鮮食料品はもちろん衣料品や家具・家電製品・乗用車などの耐久消費財，各種サービスへの支出を含みます。

　第二の支出項目は，一般公共サービスや教育等からなる政府最終消費支出です。

　なお，家計や政府の消費を最終消費というのに対し，企業による原材料の購入は中間消費あるいは中間投入と呼ばれます。

　第三の支出項目は国内総資本形成です。新鋭設備の導入などの実物投資が行われれば，企業の既存の資本設備は増大するでしょう。国内総資本形成とは実物投資の言い換えです。

　ところで，投資家や投資信託などの語に示されるように，普段の生活では投資は国債や株式など金融資産の運用と結び付けられることが多いようです。しかし，このような資産運用は正確には金融投資であり，一方，以下で述べる投資は一貫して実物投資を指します。

　投資は設備投資・在庫投資・住宅投資の3つに分類されます。3つのうちでは住宅投資が最も身近で理解しやすいでしょう。人々は，購入した住宅を30年あるいはそれ以上の長きにわたって使い続けるにちがいありません。投資とは将来の消費であり，家計による住宅の購入は明らかに，この投資の要件を満たします。

　一方，設備投資と在庫投資は主に企業による投資です。企業は，将来の製品需要の増大を見込んで生産設備を増強し，新しい工場を建設します。このような設備増強や工場建設を設備投資といいます。

　また，企業は製品需要の不意の増大に備えて一定の製品在庫あるいは原材料在庫を抱えているのが普通ですが，状況によっては意図的に在庫を積み増すこともあるでしょう。意図的であるかはともかく，製品や原材料等の在庫の積み増しを在庫投資といいます。

　結局，国内総資本形成は設備投資・在庫投資・住宅投資からなります。なお，国内総資本形成は，政府による公的資本形成を含みます。

　民間最終消費支出，政府最終消費支出，国内総資本形成の 3 つの支出項目はいずれも純生産物に対する国内の需要を形成します。しかし，純生産物に対する需要は国内にとどまりません。国内で生産された自動車や電子部品は輸出され，海外の消費者や企業にも販売されます。輸出は純生産物に対する海外の需要です。

　もちろん，輸出を考慮する以上，輸入を無視するわけにはいきません。日本国内には外国産の牛肉やオレンジが輸入されます。輸出は国内で生産された財貨への需要を増やす一方，輸入が拡大すれば，国産品の市場は，その分だけ縮小するでしょう。

　輸出から輸入を差し引いた残余を純輸出といいます。

　第四の支出項目は財貨・サービスの純輸出です。

　表 3 - 6 には支出面から見た国内総生産，別な言い方をすれば国内総支出の内訳を示しました。分配国民所得と異なり，支出国民所得の内訳は年ごとに大きく変動します。

　マクロ経済学には財とサービスに対する有効需要が社会全体の生産量を決定するという有効需要の原理と呼ばれる考え方があります。すなわち有効需要が高まれば各企業は財やサービスの供給を増やし，その結果，社会

54

項　目	実数（10億円）	
	2017年	2018年
民間最終消費支出	298,821.4	298,782.5
政府最終消費支出	106,188.5	107,102.7
総資本形成	126,940.6	127,577.8
(1)総固定資本形成	125,705.2	126,439.2
ａ．民間	99,778.4	100,437.3
(a)住宅	16,196.3	15,117.5
(b)企業設備	83,600.6	85,397.1
ｂ．公的	25,954.3	26,031.8
(2)在庫変動	1,239.2	1,131.7
ａ．民間企業	1,196.4	1,067.5
ｂ．公的	25.8	59.1
財貨・サービスの純輸出	−1,534.8	−1,537.6
国内総生産（支出側）	530,897.6	532,613.5

表3-6　支出面から見た国内総生産

注１：2011年連鎖価格。
注２：財貨・サービスの純輸出は財貨・サービスの輸出―財貨・サービスの輸入により求めている。
出所：内閣府「2018年国民経済計算」。

全体の生産量も増加します。したがって，支出国民所得の構成の変化を見れば，どの支出項目が国民所得を引き上げる方向に働き，逆に，どの支出項目が国民所得を引き下げる方向に作用したかがわかります。

　国内で生産された純生産物への需要は４つの支出項目ですべて尽くされ，

それ以外にはありませんから，4つの支出項目の合計は国民所得に等しくなります。

$$（国民所得）=（民間最終消費支出）+（政府最終消費支出）$$
$$+（国内総資本形成）+（財貨・サービスの純輸出）$$

　ここまで，私たちは，国民経済計算の用語法に従って人々の支出を分類してきました。新聞等メディアでの報道も基本的に，この用語法に従っています。

　とはいえ，国民所得を論じるのは経済統計の分野だけではありません。経済学，特にマクロ経済学の分野でも国民所得を，特にその決定要因を論じますが，その際の用語法は国民経済計算の用語法と必ずしも一致しません。マクロ経済学の用語法も紹介しておきましょう。マクロ経済学では国民所得の正確な計測より国民所得の決定要因に研究関心があります。

　マクロ経済学では民間最終消費支出は単に消費と言い換えられます。国内総資本形成は民間部門の投資と政府部門の投資に分けられ，民間部門の投資は単に投資と呼ばれる一方，政府部門の投資は政府最終消費支出と合せて政府支出を構成します。財貨・サービスの純輸出は純輸出と一括されることもありますが，むしろ輸出と輸入に分けて表記されることが多いようです。

　さて，すでに述べたように国内で生産された財が消費・投資・政府支出および輸出のいずれかの用途に向かう一方，海外から財が輸入されれば，国内で生産された財に対する需要は，その分，減少します。結局，

$$（国民所得）=（消費）+（投資）+（政府支出）+（輸出）-（輸入）$$

が成り立ちます。

　この式は国民所得がどのような用途に支出されるかを示します。支出の面から見た国民所得を支出国民所得といいます。

　経済学が伝統的に国民所得を Y で表すことはすでに述べました。同様に，消費を C，投資を I，政府支出を G，輸出を EX，輸入を IM で表せば，上述の式は，

$$Y = C + I + G + EX - IM$$

と書くことができます[9]。

3.5.3 寄 与 度

　前年の消費 C_{t-1} と今年の消費 C_t の差を消費の増分といい，ΔC で表しましょう。同様にして前年の投資 I_{t-1} と今年の投資 I_t の差を投資の増分といい，ΔI で表します。国民所得 Y の増分 ΔY は

$$\Delta Y = \Delta C + \Delta I + \Delta G + \Delta(EX - IM)$$

と書くことができます。

　さらに，この式の両辺を国民所得で割りましょう。

$$\frac{\Delta Y}{Y} = \frac{\Delta C}{Y} + \frac{\Delta I}{Y} + \frac{\Delta G}{Y} + \frac{\Delta(EX - IM)}{Y}$$

　第 1 項 $\Delta C/Y$ を消費の寄与度といいます。同様に第 2 項 $\Delta I/Y$，第 3 項 $\Delta G/Y$，第 4 項 $\Delta(EX - IM)/Y$ をそれぞれ投資の寄与度，政府支出の寄与度，純輸出の寄与度といいます。経済成長率 $\Delta Y/Y$ は，これらの寄与度の合計になりますから，たとえば消費の寄与度 $\Delta C/Y$ を見れば，消費需要がどの程度，今年の経済成長に貢献しているかがわかるでしょう。

　さて経済成長率 $\Delta Y/Y$ は国民所得 Y の伸び率でした。消費 C の伸び率

$\Delta C/C$ を使えば，消費の寄与度 $\Delta C/Y$ は

$$\frac{\Delta C}{Y} = \frac{\Delta C}{C} \times \frac{C}{Y}$$

と書くことができます。消費の寄与度 $\Delta C/Y$ は，消費 C の伸び率 $\Delta C/C$ と国民所得 Y に占める消費 C の割合 C/Y の積になります。

　毎年，公表される『国民経済計算年次推計』では表 3 - 6 のように国内総支出の構成が示され，各項目の支出額が公表されます。一方，新聞等のメディアでは四半期ごとに直前 3 カ月の国内総生産が報道されますが，その際，国内総支出の構成に関して各項目の伸び率のみが示されます。

3.5.4　国民所得の三面等価

　3.2節では，生産の面に注目して国民所得を定義しました。生産の面から見た国民所得を生産国民所得といいます。この節では，さらに，所得分配と支出の 2 つの面で国民所得の内訳を見てきました。

　結局，毎年の純生産物は所得として人々の間に分配され，種々の用途に用いられます。したがって，

　　　　（生産国民所得）［国内総生産（GDP）］
　　　= （分配国民所得）
　　　= （支出国民所得）［国内総支出（GDE）］

が成り立ちます。

　国民所得は，生産・分配・支出の 3 つの面から，その内部構成を見ることができますが，同じ国民所得である以上，それぞれの大きさに違いはありません。このことを国民所得の三面等価の原則といいます。直前の式は国民所得の三面等価を示します。

column 3. 需給ギャップ

　2009年に政府が日本経済は「デフレ」状態にあると宣言して以来，需給ギャップはしばしば，メディアで話題になりました。需給ギャップあるいは GDP ギャップは次のように定義されます。

$$(需給ギャップ) = \frac{(現実のGDP) - (潜在GDP)}{(潜在GDP)}$$

すなわち需給ギャップは，潜在的な供給力を示す潜在 GDP に対して現実の GDP と潜在 GDP の差がどれだけであるかを示します。需給ギャップは割合であり，通常，パーセントで表示されます。潜在 GDP とは本来，生産要素を最大限に投入した場合に達成される GDP ですが，統計上は生産要素を平均的に投入した場合に達成される GDP です。

　現実の GDP が潜在 GDP を上回れば需給ギャップはプラスに，現実の GDP が潜在 GDP を下回れば需給ギャップはマイナスになります。日本の需給ギャップは2008年以来，マイナスでしたが，2014年に入ってプラスに転じました。

　なお，生産国民所得を国内総生産（GDP）に置き換えれば，支出国民所得も対応して国内総支出（GDE）に置き換わります。

　経済学的には国民所得の三面等価は，人々の所得や財やサービスに対する需要が物質的制約を受けていることを意味します。人々の所得の総計は毎年の純生産物を超えることはできません。また，人々は，国富の切り崩しなしに，毎年の純生産物を超えて財やサービスに対する需要を高めることはできません。

3.6　貨幣賃金率と実質賃金率

　新聞をはじめ各種メディアは，経済成長や景気循環など国全体の経済動向だけでなく賃金・雇用・物価など個別の経済問題へも高い関心を持っています。このような個別の経済問題についても種々の経済用語が使われます。この節では賃金を取り上げましょう。

3.6.1　貨幣賃金率

　経済学では4種類の賃金を区別しています。まず，貨幣賃金と貨幣賃金率の違いを説明しましょう。

　初任給は若者が社会に出て最初に受け取る給料で，たいていは月給です。表3-7には新規学卒者の学歴別，男女別の初任給を示しました。このように日本の多くの企業では大部分の給与は月単位で支払われますが，一部では年単位で賃金が支払われ，中には日ごとに賃金が支給される場合もあります。いろいろな期間に支払われる賃金の総額を貨幣賃金と呼びます。

　もっとも，支払期間が一定でないと比較がしづらいでしょう。一定期間に，具体的には1時間に支払われる賃金の額を貨幣賃金率と呼びます。貨幣賃金と貨幣賃金率は，いずれも貨幣単位で表示された賃金であり，支払期間によってのみ区別されます。

3.6.2　実質賃金率

　ところで，今日，賃金はほとんど例外なく，現金支払いにせよ銀行振り込みにせよ貨幣で支払われます。にもかかわらず，前の項で，賃金が金額表示されている点が特に強調されたのはなぜでしょうか。実は経済学では金額表示された通常の賃金のみが議論されるわけではないのです。

| 表3-7 | | 新規学卒者の初任給の状況（学歴別，男女別） | | | | | | |

（単位　千円）

	大学院修士課程修了		大学卒		高専・短大卒		高校卒	
	2018年	2019年	2018年	2019年	2018年	2019年	2018年	2019年
男女計	238.7 (2.3)	238.9 (0.1)	206.7 (0.3)	210.2 (1.7)	181.4 (1.2)	183.9 (1.4)	165.1 (1.9)	167.4 (1.4)
男性	239.9 (2.7)	239.0 (−0.4)	201.1 (1.1)	212.8 (1.3)	182.9 (1.3)	184.7 (1.0)	166.6 (1.5)	168.9 (1.4)
女性	234.2 (0.8)	238.3 (1.8)	202.6 (−0.7)	206.9 (2.1)	180.4 (1.1)	183.4 (1.7)	162.3 (2.5)	164.6 (1.4)

注：（　）内は，対前年増減率（%）。
出所：厚生労働省「賃金構造基本統計調査」（初任給）。

　貨幣賃金で買うことのできる財の量を実質賃金と呼び，貨幣賃金率で買うことのできる財の量を実質賃金率と呼びます。実質賃金と実質賃金率はいずれも物量単位で表示された賃金です。両者は支払期間によってのみ区別されます。

　それでは，貨幣賃金率で買うことのできる財の量とはどういう意味でしょうか。2つの例で実質賃金率を求めてみましょう。

　第一に，非常に具体的な状況を想定しましょう。ある人の時給が2,000円，米1kgの価格が400円であれば，その人は1時間働いて2,000円を得，この金額で米5kgを購入できます。このとき，米で測った実質賃金率は5kgです。ここで実質賃金率の単位に注意しましょう。実質賃金率は貨幣単位ではなく物量単位で，この例では重量単位で測られます。

　第二に，第一の例をやや拡張しましょう。実質賃金率の概念を考えると

き，具体的な数字や具体的な物品に執着する必要はありません。ある人の
貨幣賃金率が w 円，何かある財1単位が p 円のとき，実質賃金率 R は，

$$R = \frac{w}{p}$$

で表されます。言い換えれば，この人は，貨幣賃金率 w 円を支払って1
単位 p 円の財を R 単位だけ購入できるのです。

　貨幣賃金率は名目賃金率とも呼ばれます。3.2節では実質国民所得と名
目国民所得を区別しました。実質国民所得が純生産物の財の量であるのに
対し，名目国民所得は純生産物の価格総額でした。実質賃金率と名目賃金
率の区別も同じ基準に従います。すなわち，実質賃金率は財の量を，名目
賃金率は賃金の額を示します。

　ここで，財の量こそが実質であり，価格総額や賃金の額が名目であると
見なされていることに注意しましょう。広く世間では経済活動とは何より
お金を稼ぐことであり，経済学とはお金もうけの研究であると思われてい
るかもしれません。ところが，実際には，伝統的な経済学は，お金よりも
むしろ財の方が実質（real）であると考えています。

　人々は生産活動や労働を通じて貨幣所得を稼ぎ，各種の消費財を購入す
るために貨幣を使います。人々は，貨幣を利用して財やサービスの生産・
分配・消費に取り組んでおり，真の経済活動とは財やサービスの生産・分
配・消費にほかなりません。伝統的な経済学によれば貨幣は真の経済活動
を覆うヴェールであり，そのヴェールを取り除けば真の経済活動が露わに
なるのです。

　このように真の経済活動とは財やサービスの生産・分配・消費にほかな
りません。また，貨幣を真の経済活動を覆うヴェールであると見なす考え
方を貨幣ヴェール観といいます。

3.7 失業率

雇用に関する経済指標の中でメディア等に取り上げられる機会が最も多い経済指標は失業率であるかもしれません。国民所得がマクロ経済学と国民経済計算の2つの分野で議論されたように，失業率も経済学と統計学の2つの分野で論じられます。最初に経済学上の定義を示しましょう。

3.7.1 経済学上の定義

多くの人々は漠然と職に就いていない状態を失業というかもしれません。しかし，経済学的には，それだけでは十分ではありません。というのは，経済学では，失業とは，就職したいという意思を持ちながらも職が見つからない状態を指すからです。この節では専門用語を用いて経済学における失業状態を正確に表現しましょう。

働きたいと思っている労働者の人数を労働供給といいます。もちろん労働供給は常に一定ではありません。労働供給は総人口や人口の年齢構成，人々の就労意欲など種々の要因によって変動しますが，短期的な変動要因として経済学が重視するのは，前節で説明した実質賃金率です。

実際，実質賃金率が上昇すれば，多くの人々は余暇よりも就労に魅力を感じ，余暇時間を削ってでも職に就いて生活水準を高めようとするでしょう。労働供給量は実質賃金率に依存します。

正確には労働供給とは現行の実質賃金率の下で働きたいと思っている労働者の人数です。

一方，労働需要は企業が雇いたいと思っている労働者の人数ですが，やはり労働供給と同様，一定ではありません。種々の社会的要因が労働需要に影響を及ぼしますが，とりわけ各企業にとって賃金支払いは費用であり，

column 4．労働供給と労働需要

　労働供給は本文で述べたように，現行の実質賃金率の下で働きたいと思っている労働者の人数です。労働者は実質賃金率を考慮して自分自身の労働供給を決定しますから，労働供給の決定は労働者の選択の問題になります。労働者の生活時間を T 時間としましょう。労働者は L 時間の労働により賃金を得て消費財を購入するでしょう。ミクロ経済学では労働者は，余暇時間 $T-L$ と消費 C の効用が最大になるように労働供給を選択します。このとき，ある条件の下で労働供給 L^S は実質賃金率 R の増加関数になることが知られています。

　一方，労働需要は現行の実質賃金率の下で企業が雇いたいと思っている労働者の人数であると述べました。労働需要の決定は企業の選択の問題です。ミクロ経済学では企業は，与えられた生産技術の下で利潤が最大になるように労働需要 L^D を選択します。このとき，ある条件の下で労働需要 L^D は実質賃金率 R の減少関数になることが知られています。

実質賃金率の上昇が企業利潤を圧迫することが重要です。

　それでは実質賃金率が上昇したとき，企業はどう対応するでしょうか。実質賃金率が上昇すれば，企業は一般に，生産縮小がもたらす収入の減少よりも費用の減少が大きいと考えて，雇用量を削減しようとするでしょう。労働需要量もまた実質賃金率に依存します。

　正確には労働需要とは現行の実質賃金率の下で企業が雇いたいと思っている労働者の人数です。

　よく知られているように，食料品や家電製品などの財の価格は財市場で，財に対する需要と供給が等しくなるよう決定されます。実質賃金率も，い

わば労働力の価格であり，その決定には財の場合と同様のメカニズムが働きます。実質賃金率は労働市場で，労働に対する需要と供給が等しくなるよう決定されます。

　図3-5には労働市場における実質賃金率の決定を図示しました。グラフの縦軸には実質賃金率を，グラフの横軸には労働需要量と労働供給量をとっています。実は実質賃金率は労働需要関数と労働供給関数の独立変数ですが，価格や実質賃金率を縦軸にとるのが経済学の伝統です。

　右上がりの曲線ℓ_Sは労働供給曲線と呼ばれ，実質賃金率 R と労働供給 L^S の関係を表しています。労働供給量が実質賃金率に依存し，実質賃金率が上昇すれば労働供給が増えることは，すでに述べました。右上がりの曲線は労働供給L^Sが実質賃金率 R の増加関数であることを示しています。

　一方，右下がりの曲線ℓ^Dは労働需要曲線と呼ばれ，実質賃金率 R と労働需要L^Dの関係を表しています。労働需要量は実質賃金率に依存し，実質賃金率が上昇すれば労働需要は減少することもすでに述べました。右下がりの曲線は労働需要L^Dが実質賃金率 R の減少関数であることを示しています。

　いま，労働供給曲線ℓ_Sと労働需要曲線ℓ_Dの交点 E に注目しましょう。最初に点 E は労働供給曲線ℓ_S上にあり，労働供給曲線は実質賃金率 R と労働供給量L^Sの組み合わせを表しました。すなわち，人々は，実質賃金率R^*が示されれば労働供給L^*を選択するでしょう。

　同時に，点 E は労働需要曲線ℓ_D上にあり，労働需要曲線は実質賃金率 R と労働需要量L^Dの組合せを表しました。すなわち，企業は実質賃金率R^*が示されれば労働需要L^*を選択するにちがいありません。

　労働供給量と労働需要量はどちらもL^*です。こうして，特定の実質賃金率R^*の下で，人々が選択する労働供給量と企業が選択する労働需要量は一致します。

　労働供給曲線ℓ_Sと労働需要曲線ℓ_Dの交点 E を均衡点と呼びます。市場均衡では需要量と供給量は等しく，もはや市場価格の調整の必要はありません。図 3 - 5 では均衡点 E において実質賃金率R^*と雇用量L^*が決定されます。

　さて，均衡点 E では労働供給量と労働需要量は等しく失業はありません。実質賃金率R^*の下で就職したいと望む者は全員，どこかの企業に雇用されているのです。それでは，図 3 - 5 において失業が発生するのは，

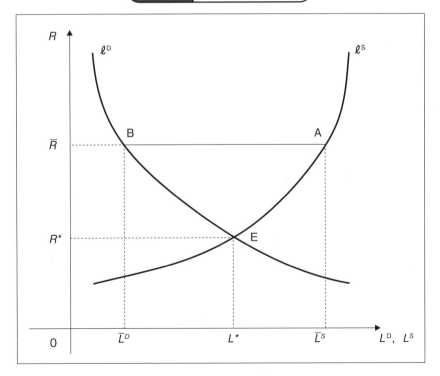

図 3 - 5　実質賃金率の決定

どのような状況でしょうか。

　何らかの理由で実質賃金率が均衡水準 R^* より上昇したとしましょう。図3−5において実質賃金率 R^* のやや上方に新しい実質賃金率 $\overline{R}$ をとりましょう。

　労働供給曲線上の点Aは実質賃金率 $\overline{R}$ と労働供給量 $\overline{L^S}$ の組合せを表します。人々は実質賃金率 $\overline{R}$ が示されれば労働供給 $\overline{L^S}$ を選択するでしょう。一方，労働需要曲線上の点Bは実質賃金率 $\overline{R}$ と労働需要量 $\overline{L^D}$ の組合せを表します。企業は実質賃金率 $\overline{R}$ が示されれば労働需要 $\overline{L^D}$ を選択するでしょう。

　こうして，前回と同様に労働供給量と労働需要量が決定されますが，今回は，この2つの量は等しくなりません。実際，労働供給量 $\overline{L^S}$ は労働需要量 $\overline{L^D}$ を上回り，この2つの量の差 $\overline{L^S} - \overline{L^D}$ の分だけ失業が発生します。図3−5の上では線分ABの長さが失業の大きさを表します。

　次に，実質賃金率が当初の水準 $\overline{R}$ から均衡水準 R^* に向かって低下していく様子を想像してみましょう。容易にわかるように労働供給が減少する一方，労働需要が増大し，失業は徐々に縮小していくでしょう。

　結局，現代経済学の支配的学説によれば，実質賃金率が何らかの理由で均衡水準より高い水準に固定されている結果，失業が発生することになります。

　労働供給や労働需要という専門用語を用いれば，失業状態を正確に表現することは難しくありません。労働供給とは現行の実質賃金率の下で働きたいと思っている労働者の人数であり，一方，労働需要とは現行の実質賃金率の下で企業が雇いたいと思う労働者の人数でした。労働供給が労働需要を超過するとき，その超過分だけ失業が発生し，

$$（失業）＝（労働供給）－（労働需要）$$

にほかなりません。さて，失業率とは働きたいと思っている労働者に対する失業者の割合ですから，上の式を考慮すれば，

$$（失業率）= \frac{（労働供給）-（労働需要）}{（労働供給）}$$

と書けることはすぐわかります。これが，経済学上の失業率の定義です。

3.7.2　統計上の処理

　このように経済学上の失業率の定義は明快ですが，実際の統計調査を実施するには，これだけでは十分ではありません。実際の統計調査には，それにふさわしい失業率の定義が求められます。

　日本では総務省が毎月，「労働力調査」を実施し，完全失業率を公表していますが，次に，この完全失業率の定義を説明しましょう。完全失業率は，

$$（完全失業率）= \frac{（完全失業者）}{（労働力人口）}$$

で定義されます。

　とはいっても，完全失業者や労働力人口の意味がはっきりしなければ，完全失業率が何を表しているのかはわかりません。

　最初に人々の就業状況を分類しましょう。**図3-6**は人々の就業状態を示します。「労働力調査」の調査対象は15歳以上人口ですが，このうち一部の者は家事に励み，また一部の者は大学や高校等に通学しており，いずれも就職の意思を持ちません。この人たちが非労働力人口に当たります。

　一方，15歳以上人口から非労働力人口を除いた残りが労働力人口です。労働力人口に属する者は就職の意思を持ちますが，全員が希望どおり就職

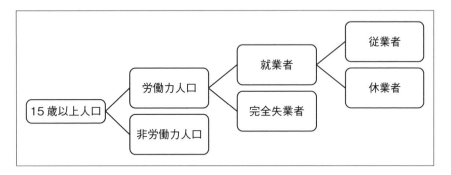

図3-6　就業状態の分類

できるとは限りません。労働力人口のうち民間企業等に就職できた者は就業者であり，不運にも職が見つからなかった者が完全失業者です。

　就業者は，さらに従業者と休業者に分けられます。従業者は調査期間中，実際に仕事に従事していた者であり，休業者は職に就きながらも仕事を休んでいた者です。

　なお，念のために就業者は民間企業等の従業員だけを指すのではありません。就業者は，非正規雇用労働者はもちろん自営業主や彼の事業の家族従業員をも含みます。

　それでは実際の完全失業者数や労働力人口の規模は，どのようにして調査されるのでしょうか。

　就業状態を調査する毎月の「労働力調査」は原則として，毎月末日に終わる1週間に実施されます。「労働力調査」は通常，全世帯を対象とする調査ではありません。無作為に選ばれた約10万人を対象に調査が行われ，その結果から社会全体の数値が推計されます。ただし，5年に1度行われる国勢調査の際は全世帯を対象とする調査が行われます。

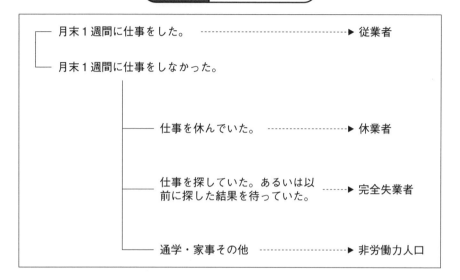

図 3 - 7　就業状態の調査

　図 3 - 7 では「労働力調査」での調査手順を整理しました。まず，月末
1 週間に仕事をしたかを問います。この質問に「仕事をした」と答えた者
は従業者です。
　「仕事をしなかった」と答えた者には，次に，この間に何をしていたの
かを問います。この質問には 3 通りの答えが考えられます。「仕事を休ん
でいた」と答えた者は休業者であり，「仕事を探していた」あるいは「以
前の求職活動の結果を待っていた」と答えた者は完全失業者です。また，
「通学や家事をしている」と答えた者は非労働力人口です。
　毎月の「労働力調査」によって完全失業者の人数と労働力人口の規模が
確定すれば，あとは定義式に従って完全失業率を計算すればよいのです。
　表 3 - 8 ではアメリカなど主要国における失業者の定義や失業者データ

の収集方法を比較しました。このように統計上の失業率は万国共通ではありません。国ごとに定義が微妙に異なりますから，失業率の国際比較の際には注意が必要です。

3.7.3 有効求人倍率

　完全失業率は毎月，時によって記事の取扱いの大小はあるにせよ，新聞等のメディアで公表されますが，その際，たいてい完全失業率とともに報じられるのが有効求人倍率です。有効求人倍率にも簡単に触れておきましょう。

　有効求人倍率は全国の公共職業安定所における職業紹介に関する統計です。求職者は職業安定所に求職を申し込み，求人企業は求人を申し込みます。申し込まれた求人のうち有効期間内のものを有効求人，同じく申し込まれた求職のうち有効期間内のものを有効求職といいます。

　有効求人倍率とは有効求職者数に対する有効求人数の割合です。

　すなわち，

$$（有効求人倍率）= \frac{（有効求人数）}{（有効求職者数）}$$

と書くことができます。この比率は求職者1人に対してどれだけの求人があるのかを示します。したがって，有効求人倍率の上昇は雇用情勢の改善を意味します。実際，2012年からの景気上昇の中で有効求人倍率は一時，1.5倍を超えました。

　さて，求職活動では近年，求人情報誌等で情報を得る機会が増える一方，依然として知人などの紹介で就職を決める場合も少なくありません。確かに職業安定所の利用は就職先を探す有力な手段ですが，唯一の手段ではありません。ですから，有効求人倍率は必ずしも労働市場全体の動向を反映

表 3 - 8 　主要国の失業率および失業者について

	日本	アメリカ	イギリス		フランス
失業者の データ 収集方法	実地調査による収集			業務資料統計による収集	
	・労働力調査（標本 調査）	・経常人口調査（標 本調査）	・労働力調査（標本 調査）	・公共職業安定所	・雇用庁
調査時期 および 期間	・毎月1回 ・1週間（月末）	・毎月1回 ・1週間（12日を含 む）	・毎月1回 ・1週間	・毎月1回 ・1日間（原則とし て第2木曜日）	・毎月1回 ・1日間（月末）
調査対象 年齢	・15歳以上	・16歳以上	・16歳以上	・原則として 　男18〜70歳 　女18〜65歳	・16歳以上
失業者の 定義	・就業者でなく ・調査期間中に就業 可能で ・調査期間中（過去 1週間）に求職活 動を行った者 ☆　仕事があればす ぐに就ける状態で 過去に行った求職 活動の結果を待っ ている者も失業者 とする	・就業者でなく ・調査期間中に就業 可能で ・過去4週間以内に 求職活動を行った 者 ☆　レイオフ中の者 は求職活動要件に 関係なく失業者と する	・就業者でなく ・2週間以内に就業 可能で ・過去4週間以内に 求職活動を行った 者 ☆　2週間以内に就 業が内定の待機者 も求職活動要件に 関係なく失業者と する	・過去4カ月以内に 仕事がなく，かつ 就業可能（週40時 間以上働けるこ と）で，職業安定 所に求職手当を申 請し受給資格を得 た者	・仕事がない者のう ち就業が可能で， かつ常用雇用を希 望する者で，雇用 庁に登録した者
失業率の 算出方法 における 分母人口	・就業者＋失業者	・就業者＋失業者 （軍人を除く） ☆　就業時間が15時 間未満の無給家族 従業者は就業者か ら除外	・雇用者＋自営業主 ＋家族従業者＋職 業訓練を受ける者 ＋失業者（軍人を 含む）	・雇用者＋自営業主 ＋家族従業者＋職 業訓練を受ける者 ＋失業者（軍人を 含む）	・就業者＋推計失業 者

注：イギリスは平成10年4月から労働力調査方式による失業者および失業率についても，データを同時に提供
　　している。ただし，標本数が少ないため，3カ月移動平均の公表となっている。
出所：総務省統計局「労働力調査特別調査」（2001年8月）等より。

しているわけではなく，この点で完全失業率と異なります。

3.8 物価上昇率

雇用情勢と並んでメディアの関心が高いのが物価変動です。

さて，景気回復の中で原油や鉄鉱石などの原材料需要が高まれば，原材料価格が上昇するでしょう。その一方で，革新的な技術によって新製品が生み出されれば，薄型テレビやパソコンの価格が低下します。各種の財やサービスの価格の動きは必ずしも一様ではありません。全体の動きを知るには，これらの価格の平均値を見る必要があります。

さまざまな財やサービスの価格の加重平均を物価といいます。この節では，物価指数や物価上昇率など物価に関連する経済用語を説明しましょう。

3.8.1 物価の種類

生産者によって生産された製品はたいてい，いくつかの流通段階を経て消費者の元に届きます。もちろん，各流通段階では取引が行われ，取引価格は流通段階によって区別されます。

生産者は製品を卸売業者に，また卸売業者は小売業者に販売します。生産者が卸売業者に販売するときの価格を生産者物価，卸売業者が小売業者に販売するときの価格を卸売物価といいます。

さらに，小売業者は卸売業者から仕入れた品々を消費者に販売します。小売業者が消費者に販売するときの価格を消費者物価あるいは小売物価といいます。

これらの物価の動きは必ずしも一様ではなく流通段階に応じて物価指標を区別する必要があります。

3.8.2　物価指数

　実際の経済統計では物価の動きは消費者物価指数や企業物価指数などの物価指数によって表されます。まず，物価指数について説明しましょう。

　表3-9では物価指数の作成の仕方を例示しました。

　物価指数には，対象となるすべての財とサービスの値動きが反映されることが望ましいことは言うまでもありません。しかし，それは非常に困難ですから，実際には特定の財やサービスの価格動向に注目することはやむを得ません。

　最初に基準年を設定し，採用品目とそのウェイトを固定します。基準年とは各年の物価水準を計算する上で基準となる年です。また，採用品目は物価指数の調査対象となる財やサービスであり，多くの場合，実際の取引に占める割合に応じて，そのウェイトを定めます。たとえば，表3-9の計算例では2010年を基準年とした上で菓子パンと牛乳を採用品目にし，それぞれのウェイトを0.8と0.2と置きました。各調査時点での採用品目の価格がわかれば，その加重算術平均をとることができます。

　次に，すでに設定した採用品目の，基準年における加重算術平均価格を100としましょう。すると，他の調査時点の平均値も同じ割合で指数に変換することができます。表3-9の例では，基準年の加重平均価格が96円，2015年の加重平均価格が120円ですから，基準年の加重平均価格を100として2015年の物価指数は125になります。

　当然のことながら，物価指数の数値自体に意味はありません。各年の物価指数はただ，その年の物価が基準年と比べてどれだけ増加したか，あるいは減少したかを示すだけです。それでも物価指数の変化から物価変動の方向と大きさがわかります。

　各種の物価指数の中では企業物価指数と消費者物価指数が代表的な物価

| 表3-9 | 物価指数の計算例 |

採用品目	菓子パン	牛乳
ウェイト	0.8	0.2
2015年の価格	1袋　　100円	1 ℓ　　200円
2010年の価格	1袋　　80円	1 ℓ　　160円
2010年の加重平均価格	80 × 0.8 + 160 × 0.2 = 96円	
2015年の加重平均価格	100 × 0.8 + 200 × 0.2 = 120円	
2015年の物価指数	120 ÷ 96 × 100 = 125	

指数であり，メディアでもしばしば報じられます。企業物価指数は企業間で取引されるすべての物的商品を対象とする物価指数です。流通段階との関連では企業物価指数は生産者物価と卸売物価の動向を反映します。

調査対象は具体的には原油や鉄鉱石などの素原材料やナフサや鋼材などの製品原材料が中心であり，また国内価格と直接には関連のない輸出品も調査対象に含まれます。

以前は卸売物価指数と呼ばれましたが，2002年に企業物価指数と名称が変わりました。

なお，企業物価指数の対象は物的商品であり，サービスを含みません。輸送や広告，不動産賃貸など企業間で取引されるサービスの価格動向は企業向けサービス価格指数によって示されます。

消費者物価指数は，消費者世帯が直接，購入する各種の商品やサービスを対象とします。消費者物価の調査員は，調査店舗で実際に販売されている平常の小売価格またはサービス料金を調べており，消費者物価指数は人々が日常生活で実感する価格動向に近いものです。

物価指数の作成においては採用品目とそのウェイトが固定されることは

すでに述べました。もっとも，消費者物価指数の採用品目は消費生活の変化に応じて適宜，改定されます。詳しくは，消費者物価指数の基準年を更新する「基準改定」が5年ごとに行われ，採用品目とウェイトが見直されます。たとえば，2005年の改定では消費者物価指数の採用品目に薄型テレビ，DVDレコーダー，フィットネスクラブ使用料が追加される一方，鉛筆とワープロが採用品目から除外されました。

　容易に推察されるように企業物価指数と消費者物価指数の動きは必ずしも一致しません。

　図3-8には，2003年以降の企業物価指数と消費者物価指数の変化率を示しました。図からわかるように，企業物価は，リーマン・ショック直後の2009年に急落し，また2015年から2016年にかけても大きく落ち込むなど，原油をはじめとする原材料の価格変動を受けて激しく揺れ動きました。それと比べれば，消費者物価の動きは比較的落ち着いています。特に2013年以降の消費者物価の動きに注目しましょう。消費税率が5％から8％に引き上げられた2014年を除いて，消費者物価上昇率は基本的に正の水準を維持しつつも，日銀が物価安定目標として設定した2％を超えることはありませんでした。

　3.2節では実質国民所得と名目国民所得を区別しましたが，この節では，

$$\frac{（名目国民所得）}{（実質国民所得）}$$

の値に注意しましょう。実質国民所得は純生産物の財の量であり，名目国民所得は純生産物の価格総額でした。価格総額が財の価格と財の量の積であることから，この値は，いわば実質国民所得の価格と考えてよいでしょう。

　ところで，国内総生産（GDP）も実質国内総生産と名目国内総生産に区

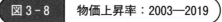

図 3 - 8　物価上昇率：2003—2019

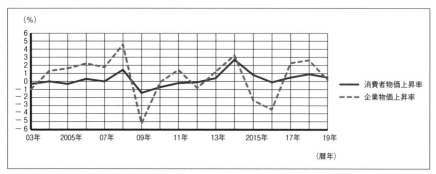

出所：総務省「消費者物価指数」，日本銀行ホームページ。

別されました。このとき，

$$\frac{（名目国内総生産）}{（実質国内総生産）}$$

を GDP デフレーターといいます。直前の説明からわかるように，この値は，いわば実質国内総生産の価格であり，GDP デフレーターもまた一種の物価指数と考えられます。

　もちろん国内物価が上昇すれば GDP デフレーターも上昇しますが，輸入物価の上昇は GDP デフレーターを引き下げます。実際，輸入は，国内総生産を計算する際の差し引き項目でした。

3.8.3　物価上昇率

　近年，日本の物価水準は比較的安定していますが，物価はときに激しく変動します。日本でも終戦直後や第一次石油危機後には物価水準が急激に上昇するインフレーションが引き起こされました。

　物価変動のスピードは物価の変化率によって測られます。物価の変化率を物価上昇率といいます。今年の物価と去年の物価が与えられたとき，今年の物価上昇率は，

$$（今年の物価上昇率）＝ \frac{（今年の物価）－（去年の物価）}{（去年の物価）}$$

によって求められます。

　ここで，この定義式内の物価に消費者物価指数を当てれば消費者物価上昇率が，企業物価指数を当てれば企業物価上昇率がそれぞれ求められます。

　近年，物価上昇率は経済指標としてだけでなく，政策目標としての役割も小さくありません。実際，日銀は，すでに述べたように消費者物価上昇率２％の達成を「量的・質的金融緩和」の政策目標に設定しました。

　経済成長率に実質経済成長率と名目経済成長率の区別があることはすでに述べました。新聞などのメディアでは実質国内総生産の伸び率を実質経済成長率と，名目国内総生産の伸び率を名目経済成長率と呼ぶことが普通です。

　さて，GDP デフレーターもまた一種の物価指数でしたから，直前の定義式内の物価に GDP デフレーターを当てることに問題はありません。GDP デフレーターの変化率を物価上昇率とすることもできます。

　物価上昇率として GDP デフレーターの変化率を採用すれば，

$$（実質経済成長率）＝（名目経済成長率）－（物価上昇率）$$

が得られます。

　3.4節では変化率に関する同様の関係式を導きました。

　すぐわかるように，物価上昇率が正であれば名目経済成長率が実質経済成長率を上回り，逆に物価上昇率が負であれば実質経済成長率が名目経済

| column | 5. 現金通貨と預金通貨

　日常生活では財やサービスの購入代金を紙幣や硬貨で支払うのが普通
ですから，人々は貨幣といえば，まず紙幣や硬貨を思い浮かべるでしょ
う。経済学では紙幣や硬貨などの現金を現金通貨といいます。

　とはいえ，現金通貨だけが貨幣ではありません。各種公共料金は各人
の銀行口座から引き落とされ，公共サービスの購入代金を銀行預金で支
払うことができます。代金の支払いができる点で銀行預金は現金と変わ
りません。銀行預金を預金通貨といいます。

　現代の貨幣制度では現金と並んで預金も貨幣であり，マネーストック
（通貨供給量）の代表的な指標である「Ｍ３」は現金通貨と預金通貨を
含みます。

成長率を上回ります。

　近年メディア等でよく話題になる「名実逆転」とは，物価上昇率が負で
ある結果，実質経済成長率が名目経済成長率を上回る状況をいいます。

3.8.4　物価水準の決定

　それでは物価水準は，どのようにして決定されるのでしょうか。この章
の目的はマクロ経済統計の解説であり，国民所得や実質賃金率などの経済
変数の決定を論じることではありませんが，最後に実質経済変数と名目経
済変数に関連して物価水準の決定に触れましょう。

　物価水準の決定に関しては理論研究に限っても膨大な研究蓄積がありま
すが，ここでは，古くから知られている１つの有力な学説を紹介しましょ
う。

　消費者は小売店の店頭で，代替品となる財の価格と見比べながら，どの

財を購入するかを決めるでしょう。また，貨幣賃金の伸びと比べて食料品をはじめ日用品の価格が高騰するとき，労働者は生活が苦しくなったと感じるでしょう。日常生活において財の価格が問題になるとき，それは正確には他の財や貨幣賃金率と比べての特定の財の価格です。しかし，物価とは財と他の財との交換比率ではありません。物価とは財と貨幣の交換比率であり，その意味で物価変動は貨幣的現象です。

　さまざまな財やサービスが相互に交換されるとき，貨幣は，財やサービスの交換を媒介します。いま物価水準が P，財の取引数量が T であるとしましょう。このとき，社会全体での財の価格総額は PT になりますが，一般に，価格総額 PT の財の売買に同額の貨幣は必要ではありません。一定期間に貨幣は繰り返し使用されて財やサービスの交換を媒介するでしょう。一定期間内に貨幣が使用される回数を貨幣の流通速度といいます。名目貨幣量 M が繰り返し使用されて取引数量 T の財が価格 P で売買されるとき，貨幣の流通速度 V は

$$V = \frac{PT}{M}$$

と定義されます。この定義式から名目貨幣量 M，貨幣の流通速度 V および財の価格総額 PT の間の関係式

$$MV = PT$$

を導くことは難しくありません。この関係式はフィッシャー（I. Fisher）の交換方程式と呼ばれます。

　交換方程式において財の取引数量 T と貨幣の流通速度 V は実質国民所得や実質賃金率と同様に実質経済変数であり，名目貨幣量 M と物価水準 P は名目国民所得と同じく名目経済変数です。

　古くからの貨幣数量説（quantity theory of money）は，実質経済変数は実物体系の中で決定されると説明しました。すなわち，実質変数の値は他の実質変数との関係でのみ決定され，名目変数の値に依存しません。人々は，名目価格に惑わされることなく実質所得を評価し，自分自身の消費と貯蓄を決定すると考えられます。実物体系と貨幣体系は特別な場合を除いて相互に独立であると見なされ，この考え方を古典派の二分法といいます。

　交換方程式において財の取引数量 T と貨幣の流通速度 V は実物体系の中で決定され，名目変数の影響を受けません。したがって，名目貨幣量 M の変化は物価水準 P の変化のみを引き起こします。最も素朴な貨幣数量説において名目貨幣量 M が従来の2倍になれば，物価水準 P も2倍になります。

　貨幣数量説によれば，物価水準は基本的に貨幣体系の中で決定され，インフレーションやデフレーションなどの物価変動は純粋に貨幣的現象です。

【練習問題】

1.　メディア等を活用して，前年度の国民所得統計に関して以下のデータを
　　調べなさい。
　(1)　実質国内総生産と名目国内総生産
　(2)　実質経済成長率と名目経済成長率
　(3)　GDP デフレーターの変化率
　　　国内総生産（GDP）の最新データは3カ月ごとに年4回，公表されています。普通，毎年5月には前年度1―3月期のデータが公表され，もちろん，その際，前年度の国内総生産の速報値もわかります。
2.　『世界開発指標』（World Development Indicators）最新版を利用して次

の問いに答えなさい。

(1)　日本の1人あたり国民総所得（GNI）の値はドル換算でどれだけか。

(2)　購買力平価（PPP）とは何か。

(3)　高所得国と中所得国，中所得国と低所得国はどのような基準で区別されるのか。基準となる1人あたり国民総所得の数値を示しなさい。

(4)　具体的にどの国が高所得国，中所得国，低所得国の各グループに属しているか指摘しなさい。

　『世界開発指標』の内容は世界銀行のホームページからも読むことができます。

3*.　経済成長率y_t，1人あたり経済成長率z_t，人口成長率n_tの間に次の関係式，

$$z_t = y_t - n_t - n_t z_t$$

が成り立つのはなぜか。各成長率の定義式から，この式を導きなさい。

4.　メディア等を活用して国内総支出の最新の四半期データを探しなさい。さらに次の問いに答えなさい。

(1)　前期と比べて変化が大きかった支出項目はどれか。

(2)　(1)で答えた支出項目の変化が大きかったのはなぜか。当該期間中の経済情勢との関連を考えなさい。

5.　『国民経済計算年次推計』最新版を利用して分配国民所得の内訳を調べなさい。

　インターネット上では内閣府のホームページで『国民経済計算年次推計』の内容を見ることができます。

6.　次の経済指標の最近の動向を調べなさい。

(1)　「毎月勤労統計調査」における実質賃金指数

(2)　「労働力調査」における完全失業率

(3)　消費者物価指数

---

(4) 企業物価指数

いずれのデータも各所管省庁や日本銀行のホームページで見ることができます。最近では各種検索エンジンが充実していますから，直接，これらのキーワードで検索してもよいでしょう。また，政府統計の総合窓口「e-Stat」(http://www.e-stat.go.jp/SG1/estat/eStatTopPortal.do) も便利です。

■注

(1) 純生産物を付加価値，補填需要を中間投入あるいは中間消費ということもあります。

(2) 日本では実質国内総生産の算出には長らく，ある特定の年を基準年とする固定基準年方式が用いられてきましたが，2004年以降，前年を基準年とし，その計算結果を毎年，積み重ねて接続する連鎖方式に移行しました。

(3) 要素価格表示の国民所得を，国内総生産（GDP）等の総称である国民所得と混同しないよう気をつけましょう。

(4) 国民経済計算では間接税は，生産・輸入品に課される税と言い換えられ，直接税は，所得・富等に課される経常税と言い換えられます。

(5) 国民経済計算では要素費用価格が要素価格に相当します。なお，国民経済計算上の国民所得（National Income, NI）とは，本文で述べた要素価格表示の国民所得に海外からの所得の純受取を加えたものです。

(6) この一定期間は法令や関連する通達によって定められます。

(7) なお，本文で述べた以外にも実際の国民所得統計には適時，細かい修正が加えられます。

(8) 国民総所得（GNI）と国民総生産（GNP）は大きさが等しいことはすでに述べました。

(9) 輸出に記号 E あるいは X を，また輸入に記号 M を当てることもあります。

第**4**章　景気循環

4.1　この章の目的

　経済変動の2つの大きな流れは景気循環と経済成長です。時々刻々と変化する経済は時に無秩序に見えますが，経済変動の背後には，この2つの大きな流れがあります。この章では景気循環を取り上げましょう。

　第1章では経済変動論への導入として大雑把に景気循環のイメージを示しました。景気循環のイメージは好況と不況の反復でした。しかし，現実の景気循環は，それ以上に豊かな内容を持っています。この章では最初にさまざまな角度から現実の景気循環がどのようなものであるかを示し，その上で景気循環の原因を論じます。

4.2　周期的経済変動

　多くの先進工業諸国では，数年から十数年の間に経済活動の拡大と低迷が交互に現れ，好況と不況が繰り返されます。同じ現象が繰り返されるとき，その時間の間隔を周期といいますが，一言で言えば景気循環とは経済活動の周期的変動です。

4.2.1　4つの経済指標

　それでは経済変動の周期性はどのようにして確かめられるのでしょうか。まず，経済全体に関わるマクロ的な経済指標を見ていきましょう。投資・

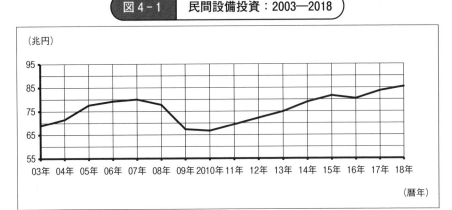

図4-1　民間設備投資：2003—2018

（兆円）

95
85
75
65
55

03年　04年　05年　06年　07年　08年　09年 2010年 11年　12年　13年　14年　15年　16年　17年　18年

（暦年）

　注：実質，2011年連鎖価格。
　出所：内閣府「2018年度国民経済計算」。

　国民所得・雇用・物価上昇率の４つの経済指標は景気循環との関連が深い
ことが知られています。これらの経済指標の意味については第３章で詳し
く解説しましたから，ここでは繰り返しません。この章では経済指標の動
きのみに注目します。

　各経済指標は景気循環の過程で，どのように変動するでしょうか。

　第一に民間設備投資は景気上昇局面で増加し，景気下降局面で減速しま
す。

　図4-1には，2003年以降の日本の民間設備投資の変動を示しました。
同じ国民所得の構成要素である消費と比べたとき，民間設備投資の激しい
動きは特徴的です。この事実は景気循環過程において投資の役割が小さく
ないことを示唆します。

　第二に国民所得の動きも投資と似ています。

　国内総生産の近年の動きについては，すでに前の章の図3-2に示しま
した。また，2003年以降の日本の経済成長を取り上げたとき，大雑把に国

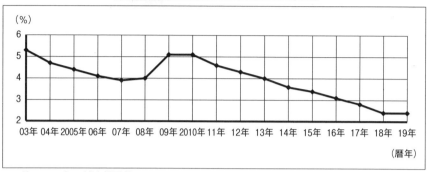

図 4 - 2　　完全失業率：2003—2018

注：2011年は補完推計値。
出所：総務省「労働力調査」。

民所得と景気基準日付の対応を確認しました。一般に，景気上昇局面では
国民所得は増大し，経済成長率も高まる一方，景気下降局面では国民所得
は低迷し，経済成長率も低いことがわかりました。

　もっとも，経済成長率が低いことは必ずしも経済成長率がマイナスにな
ることを意味しません。確かに近年，日本では景気下降局面で国民所得が
減少し，経済成長率がマイナスになることがあります。しかし，この現象
は決して一般的ではありません。

　むしろ，国民所得は景気後退に直面して，減速しつつも拡大を続け，経
済成長率も低水準ながらもプラスの値を保つことが少なくないのです。

　第三に，雇用と景気循環の関係はどうなっているのでしょうか。雇用の
動きを知るには失業率に注目すればよいでしょう。

　2003年以降の日本の完全失業率の動向を図 4 - 2 に示しました。景気拡
大期には雇用情勢が徐々に改善して完全失業率が低下する一方，景気後退
期には雇用情勢の悪化を反映して完全失業率が上昇します。

　実際，日本では景気拡大が2002年 2 月から始まり，2008年 2 月まで続き

ましたが，この間に失業率は5.4%から4.0%に低下しました。しかし，2008年年初より景気が後退し始めると失業率は増加に転じます。また，短い景気後退の後，2012年より景気が回復に向かうと，2013年以降，失業率の低下が続きます。

　第四に，物価変動も景気循環と強い結びつきがあります。

　私たちは，すでに前の章の**図3-8**で企業物価と消費者物価の最近の動向を確認しました。一般に物価上昇率は景気拡大とともに上昇し，景気後退とともに低下します。ただし，このような変動は，あくまで一般的なパターンであり，常に成立するわけではないことに注意しましょう。

　たとえば，1970年代，先進工業諸国では景気後退期にもかかわらず，物価高騰が続きました。景気後退期のインフレーションは当時，スタグフレーションと呼ばれましたが，スタグフレーションの下では物価は下落しません。

　一方，景気上昇局面で物価が上昇しないことも有り得ます。日本では，2002年2月から2008年2月までの間，景気拡大が続いたことはすでに述べました。この間，企業物価は2004年以降に上昇に転じますが，消費者物価は低下傾向には歯止めがかかったものの，ついに持続的上昇傾向を示すには至りませんでした。

　物価上昇率の場合，他の経済指標と異なり，特に例外的な動きが少なくありません。投資・国民所得・失業率が実質経済変数であるのに対し，物価は名目経済変数です。

　このように，投資・国民所得・失業率および物価上昇率は一般に振動を繰り返しており，景気循環の周期性は各経済変数の振動に表れます。

4.2.2　景気循環の周期

　それでは景気循環の周期は具体的にどれぐらいなのでしょうか。1つの

景気の谷から次の景気の谷までを1循環とすれば，1循環の長さは平均して7年から11年です。

　フランスの経済学者ジュグラー（C. Juglar）は19世紀末，フランス・イギリス・アメリカにおける物価・利子率・銀行貸出などの統計から，経済活動の周期的変動を見出しました。この7年から11年の周期の変動は，発見者の名前をとってジュグラー循環（Juglar Cycle）と呼ばれます。ジュグラー循環はこれまで説明してきた景気循環に相当すると考えて差し支えありません。

　ただし，ジュグラーが指摘した周期は厳密に，すべての循環に当てはまるわけではありません。実際，第二次世界大戦後，大部分の先進工業諸国ではジュグラー循環の周期は5年から7年になりました。

　ジュグラー循環は，ほぼ設備投資の動向に対応しますが，別の指標に注目すれば，他にも周期的経済変動を見出すことができます。

　在庫投資の動向を反映するキチン循環（Kitchin Cycle）は平均して3.5年（約40カ月）の周期を持ち，また技術革新やそれに伴う構造変化を推進力とするコンドラチェフ循環（Kondratieff Cycle）あるいはコンドラチェフの長期波動は40年から60年の周期を持つと考えられています。もっとも，コンドラチェフの長期波動については今も専門家の間で，その実在を巡る議論が絶えません。

4.3　景気の判断

　続いて，私たちの日常生活に比較的近いミクロ的な経済指標に言及しましょう。第3章では景気循環と国民所得の変動との関連を見るために，内閣府が公表する景気基準日付を紹介しましたが，その際，景気基準日付はどのようにして設定されたのかは説明していませんでした。実は，景気の

山と谷は景気動向指数に基づいて設定されます。まずは政府による景気判断の基準となる景気動向指数について説明しましょう。

4.3.1　景気動向指数

　内閣府は景気の現状把握および将来予測のために「景気動向指数」を毎月，発表し，インターネット上で公開しています。

　「景気動向指数」には2つの指数，コンポジット・インデックス（Composite Index, C.I.）とディフュージョン・インデックス（Diffusion Index, D.I.）が掲載されています。

　2つの指数のうちディフュージョン・インデックスが長らく景気指標として用いられてきました。しかし，2008年4月よりディフュージョン・インデックスに代わってコンポジット・インデックスが景気指標として採用され，今では景気動向指数と言えば，このコンポジット・インデックスを指します。また，メディアでも「景気動向指数」の報道はコンポジット・インデックスの動きが中心になっており，この節では主にコンポジット・インデックスの説明を行います。

　手短に言えば，コンポジット・インデックスは景気に敏感な各経済指標の量的な動きを合成した新たな経済指標です。

　コンポジット・インデックスの意味がよくわかるように，その作成方法の概略を説明しておきましょう。まず内閣府は政府機関や業界団体から各種統計データを収集し，その上で収集したデータを加工してコンポジット・インデックスを作成します。

　具体的には内閣府は，各種統計データを景気動向との関連で3つの系列に分類します。各指標は毎月毎月のデータであり，一連のデータ全体を個別系列といいます。**表4-1**には2020年現在での個別系列のリストを示し

表4-1　個別系列の一覧

	系列名
先行系列	1. 最終需要財在庫率指数（逆サイクル） 2. 鉱工業生産財在庫率指数（逆サイクル） 3. 新規求人数（除学卒） 4. 実質機械受注（製造業） 5. 新設住宅着工床面積 6. 消費者態度指数 7. 日経商品指数（42種総合） 8. マネーストック（M2） 9. 東証株価指数 10. 投資環境指数（製造業） 11. 中小企業売上げ見通しD.I.
一致系列	1. 生産指数（鉱工業） 2. 鉱工業生産財出荷指数 3. 耐久消費財出荷指数 4. 所定外労働時間指数（調査産業計） 5. 投資財出荷指数（除輸送機械） 6. 商業販売額（小売業）（前年同月比） 7. 商業販売額（卸売業）（前年同月比） 8. 営業利益（全産業） 9. 有効求人倍率（除学卒）
遅行系列	1. 第3次産業活動指数（対事業所サービス業） 2. 常用雇用指数（調査産業計）（前年同月比） 3. 実質法人企業設備投資（全産業） 4. 家計消費支出（全国勤労者世帯，名目）（前年同月比） 5. 法人税収入 6. 完全失業率（逆サイクル） 7. きまって支給する給与（製造業，名目） 8. 消費者物価指数（生鮮食品を除く総合，前年同月比） 9. 最終需要財在庫指数

注：逆サイクルは個別系列が景気循環と逆方向に動くことを示す。
出所：内閣府「景気動向指数」。

ました。

　第一に，景気回復に先立って改善し，景気後退以前に悪化する系列は先行系列と呼ばれます。先行系列の各指標は景気に先行して動きます。経験的にいくつかの経済指標が，景気に先行して動くことが知られており，先行系列は現在，実質機械受注や新規求人数など11個の個別系列からなります。

　第二に，一致系列の各指標は景気動向とほぼ一致して動きます。一致系列は2020年現在，鉱工業生産指数や所定外労働時間指数など９個の個別系列からなります。

　第三に，景気に対して遅れて動く系列は遅行系列と呼ばれます。遅行系列は，完全失業率や家計消費支出など９個の個別系列を含みます。

　なお，各系列に含まれる経済指標には入れ替えがあり，上述した経済指標が今後も表４-１のリストに含まれる保証はありません。実際，第15循環の景気基準日付が確定した2015年には３つの系列とも改訂が行われ，特に，長らく一致系列に採用されていた大口電力使用量が採用系列から除外されました。大口電力使用量は生産動向との相関が弱くなっているということが除外の理由です。とりわけ近年は，後に述べる景気循環の変容を反映して以前より頻繁に採用系列の入れ替えが行われています。

　ともあれ新規求人数や所定外労働時間指数など一段と身近な経済指標が個別系列に選定されていることは興味深いことです。景気循環の影響は確実に日常生活のレベルにまで及びます。

　最後に，３つの系列に分類されたデータから，先行系列のコンポジット・インデックス（先行 C.I.），一致系列のコンポジット・インデックス（一致 C.I.），遅行系列のコンポジット・インデックス（遅行 C.I.）をそれぞれ計算します。もっとも，この計算はかなり技巧的であり，学習の早い段階で計算の細部に精通する必要はないと思われます。

　ここでは計算の概略のみを示しましょう。計算は次の手順に従います。
① 各経済指標について，前月比でのある種の変化率を求めます。
② トレンド（趨勢）と振幅を考慮して，この変化率を基準化します。
③ 各指数の基準化された変化率を合成します。
④ 合成した前月比での変化率と前月の C.I. から今月の C.I. を計算します。
　こうして，毎月の先行 C.I.，一致 C.I.，遅行 C.I. が求められます。
　上の計算手順からわかるように C.I. では毎月の変化が累積していますから，その動きは，そのまま景気循環の振幅とテンポを示します。
　特に，一致 C.I. が上昇するとき景気は拡大局面に，一致 C.I. が低下するとき景気は後退局面にあると考えられます。しかも，それぞれの局面での一致 C.I. の変化の幅は，そのまま景気の拡大または後退の程度を表すと考えて差し支えありません。**図 4 - 3** に最近の C.I. の動きを掲載しました。第 3 章で示した景気基準日付との関連に注目しましょう。
　コンポジット・インデックス（C.I.）が景気循環の振幅とテンポを示すのに対して，ディフュージョン・インデックス（D.I.）は経済活動全般への景気拡大の波及の程度を計測しています。具体的には D.I. は C.I. と同じ個別系列を採用し，採用系列の中で改善している系列の割合を示します。中でも D.I. 一致指数は景気拡大局面で50％を上回り，景気後退局面で50％を下回る傾向があります。

　すでに述べたように，景気基準日付は景気動向指数に基づいて設定され，今日では景気動向指数は C.I. を指します。とはいえ，景気局面の判定は C.I. だけで行われるのではありません。景気基準日付は D.I. に，正確にはヒストリカル D.I. に基づき，さらに専門家の議論を経て設定されます。
　景気の拡大や後退は国内外の多種多様な経済活動の合成結果であり，た

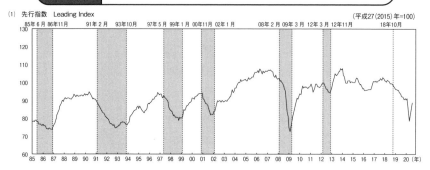

(1) 先行指数　Leading Index （平成27（2015）年=100）

(2) 一致指数　Coincident Index （平成27（2015）年=100）

(3) 遅行指数　Lagging Index （平成27（2015）年=100）

図4-3　コンポジット・インデックス（C.I.）時系列グラフ

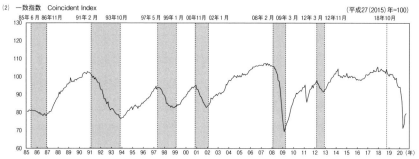

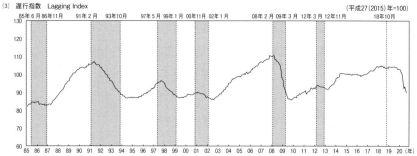

注：シャドー部分は景気後退期を示す。ただし，平成30（2018）年10月に暫定の山を設定しているが，それ以降については，まだ谷が設定されていないことから，シャドーはつけていない。

出所：内閣府「景気動向指数」2020年8月。

だ1つの経済指標だけで判定することは難しいのです。それゆえ景気局面
の判定に，なお主観的要素が入り込む余地が残ることを忘れてはなりませ
ん。

4.3.2　その他の景気指標

　毎月発表される景気動向指数は代表的な景気指標であり，その動きは大
なり小なり新聞をはじめ各種メディアで報じられます。もっとも，各種メ
ディアが注目する景気指標は景気動向指数だけではありません。

　続いて，メディアでよく取り上げられる他の景気指標を一括して紹介し
ておきます。

　第一に日本銀行は3カ月ごとに国内企業の生産・売上げ・在庫・収益・
設備投資などを調査し，その結果を「日銀短観」として発表しています。
なお「短観」は正式名称ではありません。正式名称は「日本銀行企業短期
経済観測調査」であり，略して「日銀短観」といいます。

　「日銀短観」で特に注目されるのは業況判断 D.I. です。「日銀短観」では
国内企業にアンケートを実施し，その中で各企業の業況判断も尋ねていま
す。

　具体的には収益を中心とする当該企業の経営状況を問い，各企業は，そ
れに対して企業経営の現状評価と将来予測の双方で「良い」,「さほど良く
ない」,「悪い」のいずれかを回答します。業況判断 D.I. とは，このアン
ケート調査において，

　（「良い」と答えた企業の割合(%)）－（「悪い」と答えた企業の割合(%)）

の値です。

　経営状況が良好と判断する企業が増えれば業況判断 D.I. が高まり，逆に
経営状況が悪いと判断する企業が増えれば業況判断 D.I. が低下することは

言うまでもありません。

　それでは，業況判断 D.I. が注目を集める理由はどこにあるのでしょうか。業況判断 D.I. は企業自身の主観的判断に依存し，完全失業率や景気動向指数のような客観的な事実に基づく指標ではありません。この点が業況判断 D.I. の最大の特徴であり，また，注目を集める理由でもあります。

　将来の景気動向は現在の経済活動の単純な延長ではありません。企業は将来の経済環境を見通して事業計画を立てます。したがって予測や見通しはもちろん楽観や希望，時には不安も将来の景気動向を左右します。

　日本では景気動向指数の作成は1950年代に始まり，以来，景気動向指数は景気の判断に多大な役割を果たしてきました。しかし，その一方で景気動向指数が人々の生活実感から乖離しているという批判も少なくありませんでした。

　そこで，内閣府は2000年，この批判を考慮して新たに景気ウォッチャー調査を導入しました。第二の景気指標は，この景気ウォッチャー調査の結果です。景気ウォッチャー調査ではタクシー運転手やコンビニエンスストア店長など景気動向を鋭敏に把握できる職業に従事する者を景気ウォッチャーに選び，彼らの景況感を指数化します。

　景気ウォッチャー調査は，街角景気とも言われるように，一般の人々の生活実感を直接に映し出す点に特徴があります。

　最後に，厳密には経済指標ではありませんが，政府の月例経済報告も景気判断に役立つでしょう。第2章でも触れたように，経済財政担当相は毎月，経済関係閣僚会議に日本経済の現況を報告しますが，その報告には景気の基調判断が含まれます。景気の基調判断では毎月の景気動向が数字ではなく言葉で示されます。

　景気動向指数は間違いなく景気判断の基礎データです。しかし，現実の経済変動は非常に複雑であり，すべての景気の動きが景気動向指数に反映

されるわけではありません。景気判断において，「日銀短観」や景気ウォッチャー調査さらには政府の月例経済報告も景気動向指数を補完する役割を果します。

4.4　好況期の経済状況

　4.2節では景気循環の過程で投資・国民所得・失業率・物価上昇率の4つの経済変数が周期的に変動すると述べました。

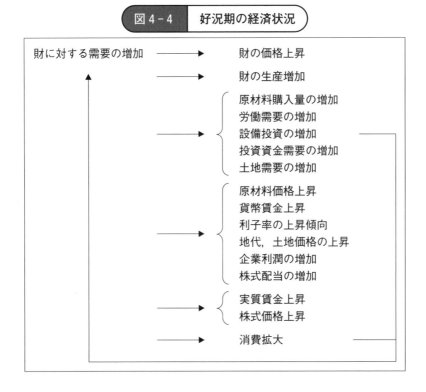

図 4 - 4　好況期の経済状況

財に対する需要の増加　——▶　財の価格上昇

——▶　財の生産増加

{ 原材料購入量の増加
労働需要の増加
設備投資の増加
投資資金需要の増加
土地需要の増加

{ 原材料価格上昇
貨幣賃金上昇
利子率の上昇傾向
地代，土地価格の上昇
企業利潤の増加
株式配当の増加

{ 実質賃金上昇
株式価格上昇

——▶　消費拡大

　さらに，4.3節では，C.I.の作成方法の解説を通じて，景気循環の影響が実質機械受注や所定外労働時間，家計消費支出など一層身近な経済指標に及ぶことを知りました。

　結局，景気循環とは生産水準や投資支出ばかりでなく，ほとんどすべての経済変数の周期的変動全体と言った方がよいかもしれません。しかも，景気動向指数の動きが示唆するように，これらの経済変数の変動は互いに無関係ではないのです。

　私たちは，これまで個別の経済変数の変動に注意を払ってきましたが，この節と次の節では各種の経済変数の相互関連に焦点を当てましょう。生産水準や投資支出・雇用等は景気循環の過程で相互にどう関係しているのでしょうか。この節ではまず，とりあえず好況期に限って，これらの経済変数の相互関連を論じます（**図4-4**）。

4.4.1　派生需要

　景気がよくなれば消費者の購買意欲が高まり，衣料品や宝飾品・自家用車や家電製品・家具などの販売が拡大します。私たちが日常生活で経験する好況とは，このような経済状況であり，財やサービスに対する需要の増大は確かに好況の著しい特徴です。

　そこで，とりあえず何らかの理由で財やサービスに対する需要が高まったとしましょう。

　需要の高まりは市場での品不足を生じ，少なくとも一時的に財の価格上昇を招きます。

　すると，各企業は，販売実績の改善や価格上昇を見て自社製品の生産計画を上方修正するでしょう。企業に生産余力があれば，消費需要の増大に企業の生産拡大が続きます。

　さらに大多数の企業が生産拡大に踏み切れば，その影響は経済全体に及

びます。以下では，企業による生産拡大がどのような波及効果を持つかを，順を追って見ていくことにしましょう。確かに価格上昇によって多少は財に対する需要が抑えられるかもしれません。それでも財の需要が価格上昇以前の水準に戻ることはありません。

　それでは改めて，製品需要の増大に直面して，企業がどう対応するかを詳しく検討しましょう。企業の対応は製品需要の増大がどのくらいの時間，続くかによります。

　言うまでもなく，企業は短期間に機械設備を拡張することはできません。イギリスの経済学者ケインズ（J.M. Keynes）は機械設備の増減が起こらない期間を短期と呼びました。最初に企業の短期の対応を説明しましょう。

　短期では機械設備は一定であり，機械設備の生産能力に変化はありません。このとき，生産量を引き上げようとすれば，企業は既存設備の稼動状況を改善するしかありません。

　たまたま，工業製品への需要が増大する以前，工場設備の生産能力に余裕があったとしましょう。製品需要が高まれば，企業は，休止していた製造ラインの操業を再開して，あるいは現有設備の稼動時間を延長して生産拡大を試みるでしょう。昼間の操業にとどまっていた工場は今では夜間も稼動を続け，さらに休日も返上して生産拡大に努めるかもしれません。

　もちろん，原材料と労働力なしには生産を拡大することはできません。短期では，生産拡大に伴って，ただ原材料と労働の需要のみが増大します。

　各企業は部品や原料の発注を増やすでしょうし，労働者や従業員も正規の労働時間を超えて残業に励むことでしょう。あるいは，それでも労働力が不足すると考えれば，企業は新規に労働者を募集するかもしれません。ともあれ，生産拡大の影響は，機械設備を一定とした上で，さしあたり原材料市場と労働市場に現れます。

　それでは長期では企業はどう対応するでしょうか。製品需要が旺盛で既存設備の生産能力さえ上回る状況が長く続けば，企業は既存設備の拡充も検討するでしょう。企業は既存の工場内に新しい製造ラインを増設するかもしれませんし，あるいは工場用地を取得して新しい工場を建設するかもしれません。

　いずれにせよ，長期の生産拡大は投資財への需要を高めます。

　また，設備の導入や工場の建設には潤沢な投資資金が必要であり，企業は銀行借入により，あるいは社債や株式の新規発行により必要な長期資金を調達します。

　さらに，工場建設に際しては工場用地の取得も必要になります。企業は借入または購入により必要な工場用地を確保するでしょう。

　長期では製品需要の増大に応じて，ただ原材料と労働の需要が増加するだけではありません。設備投資が実行されれば，それとともに投資財や投資資金，工場用地への需要も高まります。

4.4.2　要素価格の上昇

　原材料需要や労働需要が増大すれば，ほどなく原材料価格や貨幣賃金率の上昇が始まります。

　最初に貨幣賃金率の動きに注目しましょう。

　正規の就業時間を超えて労働時間が延長されれば，労働者には正規の貨幣賃金率に加えて超過勤務手当が支払われるでしょう。

　また，生産拡大に伴い，労働人員の不足が予想されれば，企業は新たに労働者を募集します。労働市場が売り手市場になり，労働力を確保しようとする企業間の競争が激しくなるとき，新規に採用される労働者の貨幣賃金率も上昇するでしょう。

　原材料市場でも同様の事態が生じます。急速に増大する需要に供給が追

い付かなければ，原材料価格の上昇が始まります。

　さらに，長期には新規設備への投資が増加し，資金需要や土地需要が高まることもすでに述べました。

　投資資金の貸借が行われる金融市場においても，また土地売買市場や土地貸借市場においても取引価格が需給関係に応じて変動する点は財市場や労働市場と少しも変わりません。企業の資金需要や土地需要が高まる中，金融市場では利子率が，土地売買市場では土地価格が，土地貸借市場では地代が上昇を開始するでしょう。

　もっとも利子率については多少，注意が必要です。利子率は好況期，必ず上昇するとは言えません。実際，利子率の動向は金融政策の影響を強く受けており，中央銀行が景気回復にもかかわらず金融緩和政策を続けた結果，利子率が低い水準に抑えられる事態は十分に考えられます。

4.4.3　消費拡大

　労働時間が延び，貨幣賃金率が上昇する結果，労働者が受け取る貨幣賃金は確かに増大します。

　それでは，このとき労働者の実質賃金もやはり増大するでしょうか。必ずしもそうとは言えません。すでに述べたように実質賃金は貨幣賃金で買うことのできる財の量ですから，貨幣賃金が同額でも，物価水準が上昇すれば同一の貨幣額で購入可能な財の量は減少し，実質賃金の水準は低下します。

　今の場合，確かに貨幣賃金は増額しましたが，その一方で財市場では価格上昇が続いており，実質賃金は理論上，増加するとは限りません。

　にもかかわらず，実際の景気拡大局面では多くの場合，実質賃金は増加します。物価水準も多少上昇するとはいえ，貨幣賃金の増大の勢いはたいていの場合，それを上回ります。

　実質賃金の増大は消費者の購買力の上昇を意味し，消費拡大を導きます。

　企業利潤の増減もやはり理論上，確定しません。生産拡大が続く好況期には，企業の売上高が伸びると同時に原材料費や人件費等の費用も増えます。このとき，売上高の伸びと費用の増大のうち，どちらが大きいかを事前に確定することはできません。

　にもかかわらず，実際には，景気拡大が続く中，大多数の企業で収益が改善します。

　増加した企業収益の一部は社債利子の形で投資家に，また株式会社であれば株式配当として株主に支払われるでしょう。投資家や株主は高額の利子収入や配当金を得ます。

　その上，現在の業績が好調で将来も高収益が見込める企業の株式は一般の投資家にとっても魅力的であるにちがいありません。株式市場では，そうした企業の人気が高まり，ますます多くの投資家が株式を買い求める結果，株価が上昇します。

　幸運にも，この企業の株価が安かった時期に株式を購入していた投資家は，このとき，自身が保有する株式を売却して高い売買益を得ることができるかもしれません。こうして得られた利益を資本利得（キャピタル・ゲイン）といいます。投資家は好況期，増配により，あるいは資本利得により高所得を得，企業収益は，いずれかの形で投資家に還元されます。

　もちろん，所得が向上し，金融資産も増大した投資家は多少とも消費水準を高めるでしょう。

4.4.4　好循環

　こうして，製品需要の増大と製品価格の上昇は，第一に各種の派生需要を生み，第二に種々の財や生産要素の価格を引き上げ，最後に所得の向上を通じて消費拡大をもたらします。さらに，製品需要の拡大が長く続けば，

企業も新規投資に踏み切ります。

　さて，消費と投資がともに支出国民所得の構成要素であることは第 3 章
で説明しました。消費需要と投資需要は財市場の需要を構成しますから，
設備投資が増大し，民間消費が拡大するとき，他の需要項目が変わらなけ
れば製品需要は再び高まります。

　ここで，私たちは，これまで詳しく説明してきた一連の過程の出発点に
立ち戻ったことに気づくはずです。同じ過程の再開を妨げるものは何もあ
りません。

　再び同じ過程が始まり，一連の変化が何度か繰り返される中で，物価や
貨幣賃金率が上昇し，雇用量が増大していきます。利子率もまた，多くの
場合，上昇傾向を示します。

　1 つのよい結果が次々によい結果を引き起こすことを好循環といいます
が，好況期には，まさしく生産・雇用および所得の好循環が生じるので
す[1]。

4.5　不況期の経済状況

　続いて，不況の時にどのようなことが起こるかを考えましょう。不況期
の経済の動きは基本的に好況期と対照的です。生産・消費・雇用・物価な
どの経済変数は好況期と逆方向に動きます。

　最初に，この基本的な部分を説明します。とはいえ，補足事項はすでに
前節で説明しましたから，その部分は繰り返しません。ここでは経済変数
の動きのみに注目します。

　財に対する需要の減退は経済不況の著しい特徴です。需要の減退はたい
ていの場合，製品価格の低下を伴います。このとき，企業は販売数量の減
少と販売価格の低下に直面して自社製品の生産を縮小しようとするでしょ

図4-5　不況期の経済状況

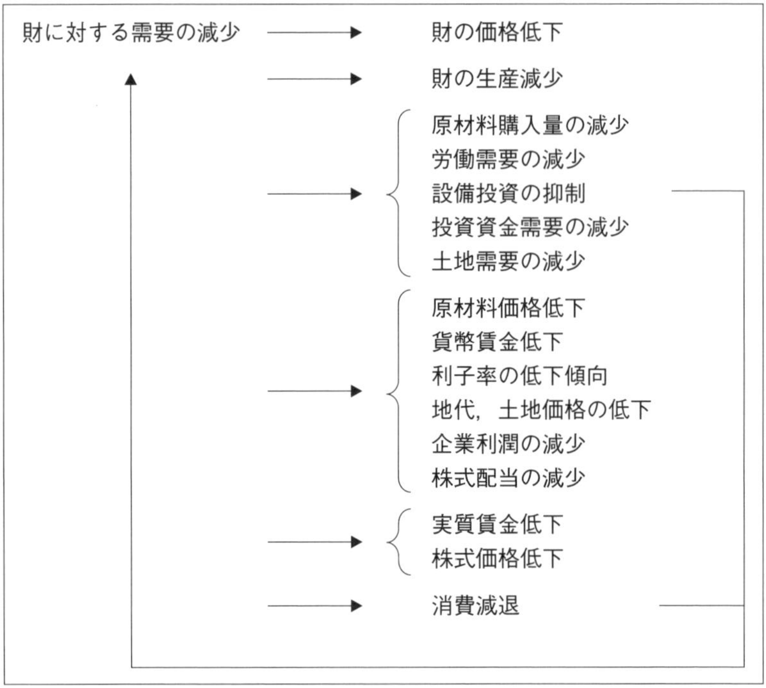

う。多くの企業が生産の縮小に踏み切れば，その影響は経済の各部門に及びます（**図4-5**）。

4.5.1　派生需要

　まず，製品需要の減退と販売価格の低下に対して，企業がどう対応するのかを少し詳しく検討しましょう。前節では，製品需要の増加に対する企業の対応を短期と長期に分けて考えました。

　まず短期の対応を考えましょう。製品需要の減退が一時的である限り，

その影響は企業設備には及びません。企業はさしあたり，現有工場設備を
維持した上で，その一部を休止し，あるいは工場の操業時間を短縮して工
業製品の生産量を削減します。

　もちろん，工場設備の稼働率が低下すれば，生産工程で費やされる中間
投入や労働時間は少なくて済みます。労働者の休日出勤や深夜勤務はなく
なり，残業時間も大幅に短縮されるにちがいありません。短期では，現有
機械設備を所与とした上で，ただ原材料と労働の需要のみが減少します。

　一方，長期では生産縮小の影響は機械設備にまで及びます。製品需要の
落ち込みが長い期間に及ぶと判断すれば，企業は新規の投資計画の縮小や
延期あるいは中止を検討し始めるでしょう。場合によっては現有設備の売
却や廃棄を決意するかもしれません。

　ともあれ，投資計画が縮小すれば，投資財需要がその分，減少します。

　さらに，新規設備の導入を見送れば，もはや資金調達の必要もありませ
んし，また，新工場の建設を中止すれば，もはや用地買収の必要もありま
せん。

　長期には，製品市場での販売不振から，原材料や労働の需要だけでなく
投資財需要や資金需要・土地需要も減少します。

4.5.2　要素価格の低下

　原材料需要や労働需要の減少が続けば，ほどなく原材料価格や貨幣賃金
率の低下が始まります。

　企業は販売不振の中，就業時間を短縮し，余剰人員を解雇して人件費の
削減に努めるだけではありません。同時に，企業は，引き続いて雇用して
いる労働者に対しても貨幣賃金率の引き下げを検討します。労働市場が供
給過剰であるとき，企業は，貨幣賃金率を引き下げても，なお必要な労働
人員を確保できるでしょう。

　また，不況期には原材料市場でも供給過剰が生じ，原材料価格が下落します。

　さて，新規の投資計画の縮小や延期が続けば，投資財需要や資金需要・土地需要の減退が起こることはすでに述べました。その影響は金融市場や土地市場に及びます。具体的には金融市場での資金の超過供給は利子率の低下を，土地市場での土地や土地用益の超過供給は土地価格や地代の低下を導きます。

　長期的には原材料価格や貨幣賃金率の下落に引き続いて利子率・地代・土地価格が低下するでしょう。もっとも，利子率は，中央銀行の金融政策との関連で必ずしも低下するとは言えません。

4.5.3　消費低迷

　不況期には労働時間が短くなると同時に貨幣賃金率が低下し，貨幣賃金は確実に減少します。その一方で，物価水準も低下を続けるでしょう。貨幣賃金と物価水準が同方向に変化するとき，実質賃金の変化の方向は，前節で述べたように理論上，確定しません。にもかかわらず，実際上，実質賃金は景気後退とともに減少に転じます。

　言うまでもなく，実質賃金の減少は購買力の低下を通じて消費低迷を導きます。

　また，企業利潤の増減も理論上，確定しませんが，実際には不況期，非常に多くの企業で収益が低下します。

　業績が悪化した企業は株式配当を引き下げるでしょう。あるいは株主への配当を見送る企業もあるかもしれません。さらに，最近の企業業績が悪化し，将来も高収益が見込めないと判断すれば，投資家は，そうした企業の株式を売り払うでしょう。数多くの株式会社で株価下落が始まります。

　投資家もまた不況期，配当の減少により，あるいは資本損失（キャピタ

ル・ロス）により，投資収益の少なくとも一部を失います。

　最後に，投資収益が悪化する中で投資家や資産家の消費もまた冷え込むにちがいありません。

4.5.4　悪循環

　こうして，製品需要の減少と製品価格の下落は，第一に各種の派生需要を抑制し，第二に種々の財や生産要素の価格を引き下げ，最後に労働者や投資家の所得の減少を通じて消費水準の低下をもたらします。

　繰り返しになりますが，製品需要は消費需要と投資需要から構成されます。設備投資の抑制と消費の低迷により製品需要が一層，落ち込めば，私たちは出発点に戻り，再び，一連の過程が開始されるでしょう。同じ過程が何度か繰り返され，その繰り返しの中で物価や貨幣賃金率が低下し，雇用も縮小していきます。利子率もまた一般に低下傾向を示します。

　好況期の経済では，よい結果が次々によい結果を生み，好循環が生じました。不況期には，まったく逆の事態が生じ，生産・雇用および所得の間で悪循環を生みます。

4.5.5　金融危機

　以上が，不況期の経済状況の基本的な部分です。基本的な部分に限れば，不況期には種々の経済変数はすべて好況期と逆方向に動きます。基本的な部分に関しては不況期の経済状況は好況期の経済状況と対照的であると言ってもかまいません。

　しかしながら，この対照性は常に成立するとは限りません。実際，不況期には事態が，この基本的な部分を超えて深刻になることもあります（図4-6）。

　製品の販売不振が長く続けば，企業の資金繰りは，いよいよ困難になる

図4-6　金融危機

財に対する需要の一層の減少　──────▶　企業の資金繰り悪化

　　　　　　　　　　　　　──────▶　企業倒産

　　　　　　　　　　　　　──────▶　株価暴落

　　　　　　　　　　　　　──────▶　金融機関の不良債権増大

　　　　　　　　　　　　　──────▶　金融機関の経営破綻

　　　　　　　　　　　　　──────▶　銀行の預金封鎖

でしょう。企業は正常時には原材料購入や賃金支払いに充てる運転資金の相当部分を販売収入の中から手当てして操業を続けていますが，販売収入が大幅に減り，運転資金が枯渇してしまえば，企業はもはや原材料を調達し，労働人員を確保することができません。工場の操業は停止します。

　経営管理下にある全工場の操業停止は，その企業の経営破綻を意味します。さらに，経営危機にある企業が株式会社であれば，株価は暴落し，その株式は，ほぼ無価値になってしまうでしょう。

　もっとも，経営不振の影響は当該の事業会社にとどまりません。多くの製造企業が設備投資に際して必要な資金を外部から借り入れていることはすでに述べましたが，日本では，この資金調達において銀行融資が占める割合は小さくありません。

　事業会社の経営状態が悪化すれば，銀行への利子支払いは困難になり，場合によっては元本の返済さえ危うくなるかもしれません。銀行をはじめ金融機関の側では正常債権が不良債権に転じ，金融機関の収益を圧迫します。

　景気後退がますます深刻になり，企業の経営不振が広がり，倒産する企業が続出すれば，不良債権の額はますます増大し，今度は，巨額の不良債権を抱えた金融機関の経営が行き詰まるでしょう。

　このとき，特に，預金取扱金融機関である銀行に手元現金が不足するかもしれません。平常時であれば，銀行は預金者による現金払い戻しに備えて預金額の一定割合に相当する現金を用意しています。しかし，現金が不足して預金者からの現金引き出し要求に応じることができないと判断すれば，銀行は預金封鎖を行います。預金が封鎖されれば，預金者はもはや自分の銀行預金を引き出すことができません。

　銀行の経営不安が極度に高まり，預金封鎖のうわさが流れれば，預金者は我先に現金を求めて銀行窓口に殺到するでしょう。いわゆる取り付け騒ぎが起きます。

　同時に，金融機関の破綻が相次げば，投資家は疑心暗鬼になって，どんな債券や株式の保有に対しても不安を募らせ，金融市場において危険資産の引き受け手が一切いなくなるかもしれません。

　信用不安が金融システム全体に広がれば，金融市場では金融機関による短期資金の調達さえ困難になり，個々の金融機関が破綻するだけでなく金融システム全体が，とりわけ決済システムが危機に瀕します。

　もっとも，現代日本で，戦前のような取り付け騒ぎが起こることはほとんど考えられません。緊急時には金融機関への日本銀行特別融資（日銀特融）が実施され，銀行預金も一定金額まで預金保険制度によって保護されます。

　また，個々の金融機関の経営危機に対しても政府主導の救済合併や不良債権の買い取り，公的資金の注入等が行われることが多いのです。

　いったん景気が上昇し始めれば，すでに見たように好循環が生じて景気

上昇が加速し，逆に，景気が後退し始めれば，悪循環を生じ，さらに景気が後退します。

とはいえ，好景気も不景気も永遠には続きません。過去の経験に照らす限り，どんな力強い景気拡大もやがて景気後退に転じ，長い景気低迷もやがて回復に向かいました。

好況だけが続くのでもなく不況だけが続くのでもありません。その両方が交互に繰り返される点に景気循環の最大の特徴があります。

それでは，好況はどのような契機で不況に転じ，不況はどのような契機で好況に転じるのでしょうか。

この点を解明しようとすれば，単に景気循環の個別の局面に注目するだけでなく，その全過程を視野に入れ，その上，現象の描写にとどまらず，因果関係の分析にまで進まなければなりません。次の節では景気循環の理論を学びます。

4.6　相互作用モデル

4.6.1　景気循環論の課題

景気循環はなぜ起きるのでしょうか。結局のところ，この問題に答えることが景気循環の理論の目的です。

かつて景気循環の研究では不況や金融危機の分析に研究者の関心が集中していたことがあります。しかし，景気循環の理論では，なぜ好況や不況が起こるのかが解明されただけでは十分ではありません。

好況に続いて景気後退が引き起こされるのはなぜか。また不況の後に景気回復が始まるのはなぜか。景気循環の理論は好況・景気後退・不況・景気回復からなる景気循環の全過程がどのような原因で引き起こされるのかを明らかにしなければなりません。

　私たちは4.4節と4.5節で好況期や不況期の経済状況を詳しく検討して，景気循環が生産・消費・雇用さらには物価変動に及ぶ広範な経済変動であることを知りました。このような広い範囲に及ぶ経済変動の解明が容易ではないことはすぐわかります。

　困難な課題に取り組むに際しては何よりも事前に研究方針を明確にしておくことが望ましいでしょう。

4.6.2　国民所得の変動

　国民所得は景気上昇とともに増大し，景気後退とともに停滞あるいは減少します。景気循環理論の1つの有力なアプローチは国民所得の変動に注目します。言い換えれば，このアプローチは景気循環過程を国民所得の変動によって代表させています。

　それでは，国民所得の変動は何によって引き起こされるのでしょうか。以下では，この問題を2つの部分に分け，順を追って説明します。

　最初に各期間，具体的には毎年の国民所得の水準がどのようにして決定されるのかを考えます。

　続いて国民所得の変動がどのようにして引き起こされるかを考えます。ある特定の要因が毎年の国民所得の水準を決定しているとすれば，その要因の変化こそが国民所得の変動を引き起こします。

4.6.3　乗数理論

　ケインズは主著『雇用・利子および貨幣の一般理論』の中で乗数理論を展開し，今日，彼の乗数理論は国民所得の水準を説明するマクロ経済学の基礎になりました。まず，この乗数理論を説明しましょう。

　生産された種々の財が何らかの方法で集計され，あたかも一国の純生産物が全体として1つの財であるかのように市場で取引されている状況を考

えましょう。すべての財が一度に取引される市場を財市場といいます。

　乗数理論によれば国民所得は財市場で総供給と総需要が等しくなるように決定されます。このとき，総供給は国民所得に等しく，その一方で総需要は消費需要と投資需要から構成されます。すなわち，

$$総需要 ＝ 消費需要 ＋ 投資需要$$

です[2]。

　次に消費需要と投資需要はそれぞれ，どのようにして決定されるのでしょうか。とりあえず個人の消費決定から始めましょう。

　各人の消費決定には種々の要因が作用しますが，中でも所得水準の影響は小さくありません。そこで各人の消費量は基本的に各人の所得水準に依存していると考えましょう。もちろん，各人の所得が増えれば，各人の消費も増えます。

　さて，同様の関係は一般に社会全体の消費と所得の間にも成り立つにちがいありません。各人の消費を集計すれば社会全体の消費需要が得られます。個人の場合と同様，社会全体の消費需要 C は国民所得 Y に依存します。言い換えれば，消費需要 C は国民所得 Y の関数です。なお消費需要を決定する関数を消費関数といいます。

　さらに，国民所得 Y が増加すれば，社会全体の消費需要 C も増大し，消費需要 C は国民所得 Y の増加関数になります。

　ここで消費関数の形を特定しましょう。たとえば，次の関数，

$$C = cY \tag{4.1}$$

は最も簡単な消費関数です。ただし消費性向 c は 0 と 1 の間にある定数です。この消費関数によれば，人々は常に国民所得 Y の一定割合 c を消費 C のために使います。もちろん，国民所得 Y が増加すれば，社会全体の

消費需要Cも増大します。

　一方，投資需要と国民所得の関係は消費需要と国民所得の関係ほど単純ではありません。特に，投資決定は将来の経済状況に関わり，必ずしも現在の国民所得の水準には依存しません。むしろ投資需要Iは現在の国民所得から独立です。マクロ経済学では投資需要のこのような性質を投資の独立性と呼びます。

　ここでは単純化のために投資需要Iを所与とします。もちろん，所与である以上，投資需要は現在の国民所得の水準に左右されません。

　すでに述べたように，各時点での国民所得の水準は，財市場が均衡するように，すなわち総供給と総需要が等しくなるように決定されます。

　総供給は国民所得に等しい一方，総需要は消費需要と投資需要の和でした。したがって，財市場の均衡条件より，

$$国民所得 = 消費需要 + 投資需要$$

が成立します。記号で書けば，

$$Y = C + I \tag{4.2}$$

です。

　こうして国民所得Yと消費需要Cに関する2つの関係式が得られました。1つは消費関数（4.1）であり，もう1つは財市場の均衡条件（4.2）です。2つの関係式において投資需要Iと消費性向cは与えられていますが，国民所得Yと消費需要Cの値はまだ知られていません。

　国民所得Yと消費需要Cの値は，（4.1）と（4.2）からなる連立方程式を解いてはじめて得られます。実際，連立方程式を解くと，国民所得Yの値が求められます[3]。

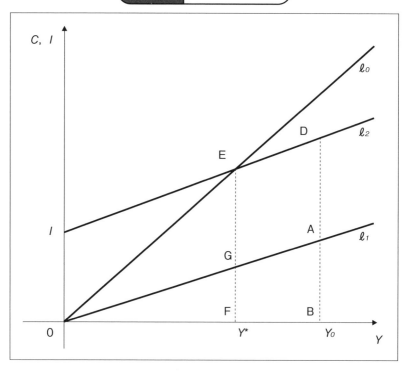

図 4-7　国民所得の決定

$$Y = \frac{1}{1-c}I \tag{4.3}$$

　図 4-7 に消費関数 (4.1) のグラフを描きました。座標軸は縦軸に消費 C と投資 I を，横軸に国民所得 Y をとっています。原点 O を通る半直線 ℓ_1 が消費関数 (4.1) のグラフです。いま，半直線 ℓ_1 上に点 A をとり，点 A から横軸に垂線 AB を下ろします。このとき，OB は国民所得 Y_0 を，AB は国民所得 Y_0 に対応する消費量 cY_0 を表します。

　次に，図 4-7 に総需要を書き入れましょう。垂線 AB を上方に延長して AD が投資需要 I に等しくなるよう点 D をとります。AB は消費需要 cY_0 を，AD は投資需要 I を表していますから，DB は国民所得 Y_0 に対応する総需要 $cY_0 + I$ にほかなりません。もちろん，国民所得の水準が変化すれば，総需要の大きさも変わります。

　点 D を通り，半直線 ℓ_1 に平行な半直線 ℓ_2 を引きましょう。容易にわかるように，半直線 ℓ_2 は，異なる国民所得とそれに対応する総需要量の組合せを示します。

　ここまでで，財市場の均衡条件のうち総需要の側の図示が終わりました。引き続いて総供給の側に移りましょう。原点 O を通り，横軸に対して45度の傾きを持つ半直線，45度線 ℓ_0 を引きます。半直線 ℓ_2 と半直線 ℓ_0 の交点を点 E とし，点 E から横軸に垂線 EF を下ろします。OF は国民所得の 1 つの水準 Y^* を表します。

　三角形 OEF に注目しましょう。三角形 OEF は直角二等辺三角形ですから，OF と EF の長さは等しくなります。したがって，EF も国民所得 Y^* を表します。

　それでは，点 E において総供給と総需要の関係は，どうなっているでしょうか。垂線 EF と半直線 ℓ_1 の交点を G と置きましょう。このとき，GF は国民所得 Y^* に対応する消費需要 cY^* であり，一方，EG は，半直線 ℓ_1 と半直線 ℓ_2 が平行であることから，投資需要 I にほかなりません。EF は国民所得 Y^* を表すだけでなく総需要 $cY^* + I$ にも等しいのです。こうして，垂線 EF に注目すれば，

$$Y^* = cY^* + I$$

が成り立つことがわかります。

　国民所得の水準が Y^* でなければ，消費需要と投資需要から構成される

総需要は総供給に等しくなりません。たとえば，国民所得の水準がY_0であれば，図4-7からわかるように，国民所得Y_0に対応する総需要$cY_0 + I$は総供給Y_0に届きません。しかし，国民所得の水準がY^*であれば，総供給量Y^*は国民所得Y^*の下での消費需要cY^*と投資需要Iの和に等しくなり，点Eにおいて財市場の均衡が達成されます。

なお，図4-7では45度線が大きな役割を果たしました。このことから乗数理論のことを45度線分析と呼ぶこともあります。

さて，等式（4.3）は何を意味しているのでしょうか。等式（4.3）は，国民所得Yと投資Iの関係を明瞭に示しています。特に次の3点に注意しましょう。

第一に国民所得Yは投資需要Iに依存します。

第二に投資需要Iが増加すれば国民所得Yも増加します。そればかりではありません。

第三に投資需要がΔIだけ増加すれば，国民所得は，

$$\frac{1}{1-c}\Delta I$$

だけ増加します。

図4-8には図4-7の消費関数のグラフℓ_1，総需要を表す半直線ℓ_2および45度線ℓ_0を再掲しました。すでに説明したように半直線ℓ_2と45度線ℓ_0の交点Eは財市場の均衡を示します。それでは投資需要がΔIだけ増加したとき，図4-8の均衡点はどこに移動するでしょうか。

投資需要がΔIだけ増加すれば，総需要は，さしあたり国民所得を従来の水準Y^*に保ちつつ，ΔIだけ増加するでしょう。

国民経済は均衡点Eにありますから従来の総需要量はEFであり，もちろんOFとEFは同じ長さでした。この総需要がΔIだけ増加します。

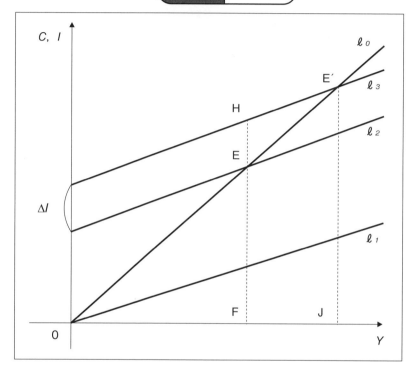

図 4 - 8　乗数効果

図 4 - 8 では垂線 EF を上方に延長して，ちょうど EH が ΔI に等しくなる
よう点 H をとりましょう。HF は $Y^* + \Delta I$ を表します。

その上で，点 H を通り，半直線 ℓ_1 に平行な半直線 ℓ_3 を引けば，半直線 ℓ_3
は増加した総需要を示します。総需要量は国民所得の各水準に対して ΔI
だけ押し上げられました。

総需要が増加しますから，国民所得の水準は，増加した総需要に対して
再び財市場が均衡するよう調整されます。

このとき，国民経済の均衡点は点 E から点 E′ に移動します。点 E′ から

116

　すでに学んだように現実の経済では多数の経済主体が複雑な相互依存関係を結び，この相互依存関係を正確に把握することは容易ではありません。そこで経済学では古くから経済主体間の相互依存関係を研究するのに数値例や数学的モデルが多用されました。45度線分析も，この後で学ぶ乗数理論と加速度原理の相互作用モデルも，それぞれモデル分析の1つです。この機会にモデル分析の基礎を説明しましょう。

　モデル分析では現実の経済の本質的な特徴に注目しつつ，経済主体間の相互依存関係を数学的に定式化します。その際，研究対象や研究課題に応じて多様な数学的手法が用いられますが，それでもモデル分析の基礎は連立方程式モデルにあると言ってよいでしょう。45度線分析では国民所得 Y と消費 C の関係を消費関数によって定式化し，財市場の均衡を仮定しました。すなわち国民所得 Y，消費 C および投資 I の間には

$$C = cY$$
$$Y = C + I$$

の関係が成り立ちます。仮定により消費性向 c と投資 I は所与ですから，この2つの式は数学的には国民所得 Y と消費 C に関する連立方程式と見なすことができます。45度線分析は典型的な連立方程式モデルです。

　消費性向 c と投資 I が与えられたとき，この連立方程式を解けば国民所得 Y と消費 C の値が求められるでしょう。モデル分析では方程式の解を内生変数，所与の変数を外生変数と呼びます。45度線分析の例では国民所得 Y と消費 C が内生変数，消費性向 c と投資 I が外生変数です。連立方程式モデルは経済変数間の関係を記述しており，モデルの内生変数は，この関係の中で外生変数に依存していると考えられます。

横軸に垂線 EJ を下ろしましょう。従来の国民所得の水準は EF，変化後の国民所得の水準は EJ ですから，図からわかるように，投資需要が ΔI だけ増加した結果，国民所得は確かに増大します。

そればかりではありません。図 4-8 からは，投資需要の増加が引き起こす国民所得の増大が投資需要の増加分 ΔI より大きいこともわかるでしょう。FJ は EH より長くなっています。

国民所得の決定式（4.3）における投資需要の係数は乗数と呼ばれますが，結局，投資需要 1 単位の増加は，その乗数倍の国民所得の増加を生みます。

実際，c が 1 より小さいとき，乗数，

$$\frac{1}{1-c}$$

は 1 より大きな値をとります。

さて，改めて景気循環理論の課題を思い起こしたとき，ここまでの分析は一見，大した成果を上げてないように見えます。実際，私たちはまだ，国民所得の変動について何も語っていません。

しかしながら，乗数理論の達成を過小評価してはなりません。乗数理論は各期の国民所得の水準が投資需要に依存することを示しました。そうであれば，投資需要の変化は国民所得の変動を導くにちがいありません。その意味で乗数理論は景気循環理論の礎石となり得るのです。

4.6.4　乗数理論と加速度原理の相互作用モデル

次に国民所得の変動について考えましょう。国民所得の変動は乗数理論と加速度原理の相互作用モデルによって説明されます。

相互作用モデルは最初，サミュエルソン（P.A. Samuelson）やヒックス

（J.R. Hicks）によって提起され[4]，その後，数多くの研究者によって拡充されました。今日では相互作用モデルは標準的な景気循環モデルと見なされます。

　なお，標準的であるとは決して真であることを意味しません。実際，以下で紹介するように他にも景気循環の理論があり，相互作用モデルは，数ある景気循環の理論の中で，せいぜい最有力であるにとどまります。

　前項で導入した消費関数によれば，毎期の消費需要は同じ期の国民所得に依存して決まりました。しかし，景気循環が国民所得など経済変数の周期的変動である以上，時間的要素を考慮しない定式化は十分ではありません。消費関数も時間的遅れ（タイムラグ）を考慮して修正しておきましょう。

　毎期の消費需要が前期の国民所得に依存して決まるとき，消費関数は次のように書き直されます。

$$C_t = cY_{t-1}$$

　第3章では t 年の国民所得を Y_t，$t-1$ 年の国民所得を Y_{t-1} と表しましたが，同様にして t 期の消費を C_t と表しました。

　新たに導入された消費関数によれば，人々の消費決定は時間的遅れを伴い，人々は常に前期の国民所得 Y_{t-1} の一定割合 c を今期の消費 C_t のために支出します。

　乗数理論では投資需要は一定と仮定されました。一方，相互作用モデルでは投資は，以下で説明する加速度原理に従って決定され，一定ではありません。

　加速度原理によれば，望ましい資本係数 v は一定です。ただし，資本係数 v は資本設備 K と国民所得 Y の比率です。

$$v = \frac{K}{Y}$$

　加速度原理に従う限り，企業は今期，直前の国民所得の増加に対応して資本設備を増強します。具体的には $t-1$ 期に国民所得が $Y_{t-1} - Y_{t-2}$ だけ増加したとき，企業は t 期，$v(Y_{t-1} - Y_{t-2})$ だけ投資を行います。

　実際，資本設備をこれだけ増強しなければ，企業は資本係数 v を一定に保つことはできません。

　t 期において企業の資本係数が望ましい水準 v に保たれていたと仮定しましょう。国民所得の増加 $Y_{t-1} - Y_{t-2}$ に対して，企業は t 期，$v(Y_{t-1} - Y_{t-2})$ だけ投資を行いますから，資本設備の増加分と国民所得の増加分の比率は v です。こうして，$t+1$ 期においても企業の資本係数は望ましい水準 v を維持します。

　もっとも，国民所得の変動がなくても，一定量の投資 $\bar{I}$ は常に実行されるでしょう。国民所得の変化にかかわらず実行される投資を独立投資といいます。

　独立投資を考慮したとき，加速度原理に基づく投資需要 I_t は，

$$I_t = v(Y_{t-1} - Y_{t-2}) + \bar{I}$$

と表されます。すなわち，今期の投資 I_t は独立投資 $\bar{I}$ に加えて，前期の国民所得の増加分 $Y_{t-1} - Y_{t-2}$ に依存して決まります。

　このとき，投資 I が国民所得 Y の水準ではなく，その変動に左右される点に注意しましょう。国民所得は 1 年間に生み出された純生産物であり，フロー量です。さて，一定期間において定義される変数であるフロー量を速度と見なせば，フロー量の変化は加速度と呼ぶにふさわしいでしょう。国民所得の変動に依存する投資決定の原則が加速度原理と呼ばれるのは，

そういう理由からです。

　消費需要と投資需要が総需要を構成することはすでに述べました。さらに，相互作用モデルでも乗数理論と同様，財市場で総需要と総供給が等しくなるよう国民所得が決定されます。

　もっとも，今回は1時点だけでなくすべての時点で市場均衡が成立しており，この点を考慮して各経済変数には時間 t を添えておきます。時点0から始まるすべての時点 t に対して t 期の国民所得 Y_t は同じ期の消費需要 C_t と投資需要 I_t の和に等しくなります。

$$Y_t = C_t + I_t$$

　こうして3つの等式が得られました。3つの等式を改めて書き出しておきましょう。

$$C_t = cY_{t-1}, \qquad 0 < c < 1 \qquad (4.4)$$
$$I_t = v(Y_{t-1} - Y_{t-2}) + \bar{I}, \qquad v > 0, \ \bar{I} > 0 \qquad (4.5)$$
$$Y_t = C_t + I_t \qquad (4.6)$$

　3つの等式は，各時点における国民所得・消費需要・投資需要の変化を記述しています。

　これらの等式によって決まるのは，ある1時点の経済変数の値だけではありません。時点0から始まるすべての時点で経済変数の値が決定されます。

　大雑把に言って，離散的な数量の変化を記述する方程式を差分方程式といいます。差分方程式を解けば，その変数の流列が求められます。3つの等式は連立差分方程式を構成し，消費性向 c，望ましい資本係数 v，独立投資 $\bar{I}$ の値が与えられれば，連立差分方程式を解いて国民所得の流列

$\{Y_t\}$, 消費需要の流列 $\{C_t\}$, 投資需要の流列 $\{I_t\}$ が求められます。

　前項の乗数理論では連立方程式を解いて国民所得と消費需要の水準を求めました。相互作用モデルでは，連立差分方程式を解いて国民所得・消費需要・投資需要の変動を導くことができます。

　1つの時点での経済変数の水準を取り上げる分析を静学分析と呼ぶのに対して，経済変数の動きを扱う分析を動学分析と呼びます。乗数理論が静学分析であるのに対し，相互作用モデルは動学分析です。

　一般に，動学分析では微分方程式や差分方程式が用いられ，動学分析を厳密に展開するには微分方程式や差分方程式の知識が欠かせません。しかし，微分方程式や差分方程式の理解にはやや程度の高い数学が要求され，経済変動論の初等的な教科書で，それを読者に課すのは負担が重過ぎるでしょう。そこで，相互作用モデルの数学的展開については以下，直観的な説明にとどめます。

　いま，前期の国民所得 Y_{t-1} と前々期の国民所得 Y_{t-2} の値が与えられたとしましょう。その後の国民所得の値はどう変化していくでしょうか。

　まず前期の国民所得 Y_{t-1} の値がわかっていますから，（4.4）より今期の消費 C_t が定まります。また，前々期の国民所得 Y_{t-2} と前期の国民所得 Y_{t-1} の値が与えられたとき，（4.5）より今期の投資 I_t が決まります。

　こうして今期の消費 C_t と今期の投資 I_t の値がわかれば，今期の国民所得 Y_t の値を求めることは難しくありません。（4.6）より今期の国民所得 Y_t が決定されます。

　結局，前々期の国民所得 Y_{t-2} と前期の国民所得 Y_{t-1} から今期の国民所得 Y_t が得られました。

　まったく同様にして前期と今期の国民所得 Y_{t-1}, Y_t からは来期の国民所得 Y_{t+1} が得られるにちがいありません。さらに，同じ過程が繰り返されれ

表4-2			乗数理論と加速度原理の相互作用モデル：数値例			

期	前々期の国民所得	前 期 の国民所得	今期の消費	独立投資	今期の投資	今 期 の国民所得
0	500	600	480	100	170	650
1	600	650	520	100	135	655
2	650	655	524	100	104	628
3	655	628	502	100	81	583
4	628	583	466	100	68	534
5	583	534	427	100	66	493
6	534	493	394	100	71	465
7	493	465	372	100	80	452
8	465	452	362	100	91	453
9	452	453	362	100	101	463
10	453	463	370	100	107	477
11	463	477	382	100	110	492
12	477	492	394	100	111	505
13	492	505	404	100	109	513
14	505	513	410	100	106	516
15	513	516	413	100	102	515

注：消費性向＝0.8，資本係数＝0.7。

ば，$t+2$期以降の国民所得Y_{t+2}，Y_{t+3}，…が次々に求められるでしょう。こうして国民所得の流列$\{Y_t\}$が得られます。

　表4-2には具体的な数値を設定して相互作用モデルを構成しました。この数値例では消費性向cを0.8，望ましい資本係数vを0.7，独立投資$\bar{I}$を100と設定しました。表4-2の第0期に注目しましょう。第0期の時点

で前期の国民所得は600，前々期の国民所得は500でした。それでは国民所得はその後，どう変化していくでしょうか。

　まず第 0 期の国民所得Y_0の値を求めてみましょう。繰り返しになりますが，第 0 期の前期すなわち第 − 1 期の国民所得は600，前々期すなわち第 − 2 期の国民所得は500です。

　ここで（4.4）において t を 0 としましょう。第 − 1 期の国民所得Y_{-1}は600，消費性向 c は0.8でしたから，（4.4）より第 0 期の消費C_0が決まります。

$$C_0 = 0.8 \times 600 = 480$$

　一方，今期の投資I_0は（4.5）より求められます。（4.5）において t を 0 と置きましょう。第 − 1 期の国民所得Y_{-1}は600，第 − 2 期の国民所得Y_{-2}は500，加えて資本係数 v は0.7，独立投資 $\bar{I}$ は100でしたから，（4.5）より第 0 期の投資I_0が確定します。

$$I_0 = 0.7 \times (600 - 500) + 100 = 170$$

　（4.6）より各期の国民所得は同じ期の消費と投資の和でした。（4.6）において，やはり t を 0 と置きます。すでに第 0 期の消費C_0が480，投資I_0が170であることはわかっていますから，第 0 期の国民所得を求めることは難しくありません。

$$Y_0 = 480 + 170 = 650$$

　これで，表 4 − 2 の第 0 期の行の数値がすべて出そろいました。

　次に第 1 期の行に移りましょう。第 1 期において前期の国民所得は650に，前々期の国民所得は600に更新されます。

　今度は（4.4）において t を 1 とします。第 0 期の国民所得Y_0は650，消

費性向 c は0.8でしたから，（4.4）より第1期の消費C_1が決まります。

$$C_1 = 0.8 \times 650 = 520$$

同様に（4.5）においても t を1としましょう。第0期の国民所得は650，第−1期の国民所得は600でした。資本係数 v が0.7，独立投資 $\bar{I}$ が100であることは第0期と変わりません。したがって，（4.5）より第1期の投資 I_1 が決まります。

$$I_1 = 0.7 \times (650 - 600) + 100 = 135$$

こうして第1期の消費C_1が520，投資I_1が135であることがわかりました。（4.6）において t を1としましょう。第1期の国民所得Y_1は第1期の消費C_1と投資I_1の和です。すなわち，

$$Y_1 = 520 + 135 = 655$$

以上で表4-2の第1期の行の数値がすべて求められました。

　結局，第0期の行では第−2期の国民所得Y_{-2}と第−1期の国民所得Y_{-1}から第0期の国民所得Y_0が得られました。まったく同様にして，第1期の行では第−1期の国民所得Y_{-1}と第0期の国民所得Y_0から第1期の国民所得Y_1が得られました。

　この時点で第0期の国民所得Y_0と第1期の国民所得Y_1の値がすでに判明していますから，同様の手順を繰り返せば，第2期の国民所得Y_2，第3期の国民所得Y_3等々の値が次々に求められるでしょう。

　表4-2では第15期の国民所得の値まで示しました。ただし，計算値は小数点第1位を四捨五入して整数にしてあります。

　もちろん，ここで相互作用モデルを構成する差分方程式を明示的に解いたわけではありません。しかしながら，国民所得が次々に決まっていくメ

カニズムは理解できたと思います。

　ある期を勝手に初期時点と置き，初期時点での国民所得Y_0，消費C_0，投資I_0の値を所与とすれば，前述の連立差分方程式より国民所得Y_t，消費C_t，投資I_tの変動を導出できます。求められた国民所得Y_t，消費C_t，投資I_tの値を相互作用モデルの解といいます。

　それでは相互作用モデルの解は常に景気循環を描くでしょうか。特に，国民所得Y_tは景気循環にふさわしい循環的変動を示すでしょうか。

　実は，そうではありません。解の変動は消費決定や投資決定に関わる定数に依存し，これらの変数が適切な範囲にあるときのみ国民所得Y_tは循環的変動を描きます。

　実際，消費性向cや望ましい資本係数vが一定の条件を満たすとき，国民所得Y_tは振幅一定の調和振動あるいは振幅が減少する振動減衰を示します。**図4-9**には調和振動の様子を，**図4-10**には振動減衰の様子を描きました。

　その他にも振動発散や単調減衰などの変動パターンがあります。導出過程には触れず，考えられる変動パターンの一覧を示せば，**表4-3**のようになります。表4-3には消費性向cや資本係数vの範囲と関連する変動パターンを示しました。

　それでは，一連の変動パターンの中で景気循環にふさわしいのは，どれでしょうか。ともかく，国民所得Yの振動が引き起こされるのは消費性向cや資本係数vが

$$(c-v)^2 < 4v$$

を満たす場合に限られます。また，この条件に直観的な説明を与えることも容易ではありません。

　景気循環理論の課題は景気循環がなぜ起きるのかを解明することでした。乗数理論と加速度原理の相互作用モデルは国民所得の循環的変動を生じるメカニズムを示し，この問題に1つの解答を与えました。

図4-9　乗数理論と加速度原理の相互作用モデル：調和振動

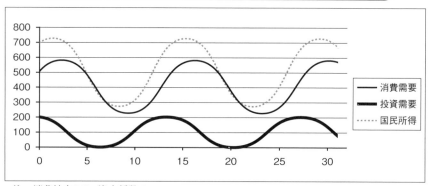

注：消費性向0.8，資本係数1。

図4-10　乗数理論と加速度原理の相互作用モデル：振動減衰

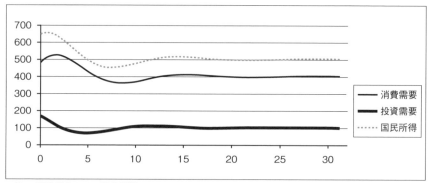

注：消費性向0.8，資本係数0.7。

　最後に，相互作用モデルから得られる解答を要約しておきましょう。景気循環の要因は次の2つです。第一に，消費や投資の決定に時間的遅れがあること，第二に，消費性向や望ましい資本係数がある適切な範囲にあることです。

　すなわち消費需要や投資需要が時間的遅れを伴って国民所得の変化に反応し，しかも，その反応が一定の条件を満たすとき，国民所得の循環的変動が生じるのです。

4.6.5　相互作用モデルの問題点

　現在までのところ相互作用モデルは景気循環の標準的理論ですが，前項で示したように，ある理論が標準的であることは，その理論に対する異論がないことも，また，それ以外の理論が存在しないことも意味しません。

　19世紀初めにイギリスで最初の過剰生産恐慌が発生して以来，19世紀半ばまでの間，ヨーロッパをはじめ先進工業諸国では過剰生産恐慌が繰り返されました。

表4-3　相互作用モデルの変動パターン

実根 $(c+v)^2 \geqq 4v$	複素根 $(c+v)^2 < 4v$
$v < (1-\sqrt{1-c})^2$　　　単調減衰	$1 > v > (1-\sqrt{1-c})^2$　　　振動減衰
$v = 1,\ c = 1$　　　定常	$v = 1,\ c < 1$　　　調和振動
$v > (1+\sqrt{1-c})^2$　　　単調発散	$1 < v < (1+\sqrt{1-c})^2$　　　振動減衰

　ある日，突然，市場で商品の売れ行きが悪くなり，製品価格が下落し，工場の操業が停止しました。人々は，このような過剰生産恐慌の反復から，間もなく景気循環の存在に気づくことになります。中でもジュグラーは，4.2節で述べたように初めて統計的に景気循環の存在を確認しました。

　こうして人々は19世紀半ば以降，景気循環を見出すに至りました。しかし，この発見は，19世紀以前に人々が景気循環の存在に気づかなかったからではありません。19世紀当時，景気循環は新しい経済現象でした。実際，景気循環は産業革命以後に生じ，それ以前に約10年周期の経済活動の拡大と収縮は見られなかったからです。景気循環は近代社会に固有な歴史的経済現象です。

　人類の歴史の１時点から始まる社会現象を歴史的現象と呼びましょう。歴史的現象は，それまでの人々の資産や経験，知識の蓄積を前提にしています。歴史的という形容詞から人々は普通，特定の政治的事件や戦争，災害などを連想するでしょうが，ここでは，そのような含意はありません。景気循環は各国の産業革命から始まる歴史的経済現象であり，景気循環は近代社会に固有な経済現象です。

　以上の事実認識を前提に相互作用モデルの検討に移りましょう。相互作用モデルの第一の問題点は，景気循環が歴史的現象であることを説明できないことです。

　消費や投資の決定が時間的遅れを伴うことや消費性向や資本係数の値が特定の範囲にとどまることは，近代社会でなくても起こり得ることです。だとすれば，景気循環の発生は相互作用モデルに従う限り，近代社会に限定されないことになってしまいます。相互作用モデルは，この点で景気循環の発生を十分に説明したとは言い難いのです。

　第二に，相互作用モデルでは財の供給量は常に財の需要量に等しくなります。すなわち，消費需要と投資需要が決まれば，常にその合計に等しい

量の財が市場に供給されます。

　しかしながら，この想定は現実的ではありません。市場経済では需要が
あっても十分な利潤が見込めなければ企業は決して生産物を市場に供給し
ません。利潤獲得を目的に生産活動が行われる点に現代の市場経済の特徴
があり，この点を無視することは近代社会の経済現象を論じる上で致命的
な欠陥です。

　第三に，利潤獲得動機を考慮していない点では投資決定も変わりません。
相互作用モデルでは前年の国民所得の増加に対応して資本設備が増強され
ます。

　しかし，実際には，たとえ前期に国民所得が増加しても，十分な将来収
益が見込めなければ企業は設備投資を行いません。

　その他に，加速度原理に基づく投資決定に対しては，次のような問題点
が指摘されています。

　第四に，資本設備の完全稼働を前提にしている点です。すでに述べたよ
うに好況期には機械設備が生産能力の上限まで稼働する一方，不況期には
生産設備の一部が休止し，また稼働時間が短縮して企業の生産設備は遊休
します。実際には資本設備は常に完全稼働しているわけではありません。

　第五に投資資金の調達の問題が考慮されていない点です。新しい資本設
備を増設しようとすれば，企業は事前に新しい設備の購入に要する資金を
用意しなければなりません。この投資資金をどのようにして調達するかは
企業が投資決定に際して直面する課題の1つです。

　もちろん企業は企業利潤等からなる内部資金を活用できますが，大型投
資に際しては多くの場合，社債発行や銀行借入など外部から投資資金を調
達します。投資資金が不足すれば投資計画は実現しないでしょう。加速度
原理に基づく投資決定は投資資金の調達に伴う困難に対して注意を向けて
いません。

4.6.6　相互作用モデルの拡張

　前項では相互作用モデルの問題点を指摘しました。通常，モデルの一部に問題点が見つかれば，モデルの基本的な枠組みを変更することなくモデルの部分的修正が行われます。モデルの基本的な枠組みを保持しつつ，モデルの問題点を克服しようとする試みをモデルの拡張といいます。この項では相互作用モデルの拡張の試みを説明しましょう。

　相互作用モデルの投資決定が企業の利潤獲得動機を考慮していないことは，すでに述べました。そこで，モデルの拡張の1つの方向は，加速度原理に代えて利潤原理に基づいて企業の投資決定を論じることです。資本設備を K，実質利潤を P とすれば，利潤原理に基づく投資関数は

$$\frac{I}{K} = f\left[\frac{P}{K}\right] \tag{4.7}$$

と書くことができます。資本成長率 I/K は利潤率 P/K の増加関数であり，利潤率 P/K が増加すれば，資本成長率 I/K も上昇します。

　企業は将来の利潤を予想して今期の投資を決定しますが，将来予測に際しては過去の実績が重視されるにちがいありません。今期の投資は企業の過去の利潤率に依存して決定されます。なお，ここで (4.7) の左辺が投資水準 I ではなく資本成長率 I/K である点に注意しましょう。利潤率 P/K が一定であるとき，資本設備 K が2倍になれば，投資水準 I も2倍になると考えられます[5]。

　利潤原理に基づく投資関数を特定しましょう。最初に資本成長率 I_t/K_t を利潤率 P_{t-1}/K_t の1次関数と考えます。

$$\frac{I_t}{K_t} = m\frac{P_{t-1}}{K_t} - n \tag{4.8}$$

　ここで，前期の利潤P_{t-1}と今期の資本設備K_tは今期の投資決定の時点で所与ですが，今期の利潤P_tは，この時点で，まだ確定していません。今期の利潤P_tは，投資支出を含む今期の経済活動の結果，決定されることになります。さらに，資本分配率P_{t-1}/Y_{t-1}を一定と置きましょう。簡単な計算により，投資関数は

$$I_t = a_0 Y_{t-1} - a_1 K_t + I_0 \qquad (4.9)$$

と書き換えることができます。ただし，a_0, a_1は正の定数であり，また独立投資$I_0 > 0$の項を加えました。

　確かに投資の拡大が続く限り，資本設備は増加します。その一方で，投資関数（4.9）によれば，資本設備K_tの増加は投資I_tの低下を引き起こします。引き続く投資の拡大は，やがて投資自体を抑制することになるでしょう。

　さて，相互作用モデルでは，初期時点において経済が定常状態にあれば，経済は以後，その状態にとどまります。相互作用モデルにおいて初期時点の国民所得Y_0が

$$Y_0 = \frac{1}{1-c}\bar{I}$$

であれば，以後，国民所得はこの水準を維持し，国民所得の循環的変動は生じません。

　循環的変動が生じるためには，初期時点で，経済を定常状態から引き離す外からのショックが必要になります。相互作用モデルは基本的に，経済の循環的変動のために外からのショックを必要とする外生的景気循環モデルです。

　この景気循環モデルを，経済内部の要因によって循環的変動が引き起こ

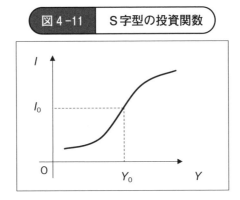

図4-11　S字型の投資関数

されるモデルに変えることはできないのでしょうか。相互作用モデルの拡張のもう1つの方向は，内生的景気循環モデルを構成することです。

　利潤原理に基づく投資関数（4.9）は国民所得Y_{t-1}に関して線型の投資関数でした。この投資関数を国民所得に関して非線型の関数に変えましょう。具体的には**図4-11**のようなS字型の投資関数

$$I = \phi(Y,\ K)$$

を考えます。図4-11には縦軸に投資Iを，横軸に国民所得Yをとりました。第一に，投資Iは国民所得Yの増加関数です。加えて，投資関数を示す曲線の傾きは国民所得の低い水準で水平に近く，国民所得の上昇とともに増加しますが，ある点Y_0を越えると減少し始め，国民所得のさらに高い水準で再び水平に近くなります。第二に，投資Iは資本設備Kの増加関数です。したがって，資本設備が増加すれば，図4-11の曲線は上方にシフトし，一方，資本設備が減少すれば，曲線は下方にシフトするでしょう。資本設備の増減に応じて，投資関数を示す曲線は上下に振動します。

　国民所得の決定は以前と変わりません。国民所得は乗数理論に従い，貯蓄と投資が等しくなるよう決定されます。このとき，S字型投資関数と乗数理論の相互作用が内生的に景気循環を生じることが知られています。初期時点において経済がどのような状態にあっても国民所得と投資は振動を生じ，やがて経済は，循環的変動を繰り返しながら，一定の閉じた軌道に引き寄せられていくでしょう。この閉じた軌道を極限周期軌道（limit cycle）と呼びます。

4.7　成長の中の循環

4.7.1　成長要因の導入

　相互作用モデルの1つの特徴として，経済成長を捨象して景気循環を論じている点がありますが，現実の経済変動においては経済成長と景気循環は分離できません。そこで，景気循環と経済成長を同一の枠組みの中で説明しようとする試みがなされました。最後に，経済成長を強く意識した景気循環理論を2つ紹介しましょう。

4.7.2　成長循環モデル

　1つはグッドウイン（R. M. Goodwin）による成長循環モデルです[6]。成長循環モデルは失業率と労働分配率の相互依存関係により循環的成長の持続を説明します。

　成長循環モデルの説明に入る前に若干の基礎的関係を確認しておきましょう。第3章では経済学上の失業率について説明しました。労働供給を N，労働需要を L としたとき，失業率 u は

$$u = \frac{N-L}{N}$$

と書くことができます。新たに労働需要 L と労働供給 N の比率 L/N を雇用率 v と呼びましょう。容易にわかるように失業率 u と雇用率 v の間には

$$u + v = 1 \qquad (4.10)$$

の関係が成り立ちます。

同じく第3章で分配国民所得の説明を行いました。いま，雇用者報酬を実質賃金と，財産所得と企業所得の合計を実質利潤と言い換えれば，国民所得 Y は実質利潤 P と実質賃金 W から構成されます。

$$Y = P + W \qquad (4.11)$$

なお，実質賃金 W は実質賃金率 R と労働 L の積でした。

$$W = RL$$

さらに国民所得に占める実質利潤の割合 P/Y と実質賃金の割合 W/Y をそれぞれ資本分配率と労働分配率と呼びましょう。(4.11) より

$$1 = \frac{P}{Y} + \frac{W}{Y} \qquad (4.12)$$

ですから，資本分配率と労働分配率の和は1です。

モデルの仮定を順に説明しましょう。第一に，本来の成長循環モデルは経済成長論と景気循環論の統一を目指して人口成長と技術進歩を導入していますが，ここでは景気循環に焦点を当てるために人口を一定と仮定します。第二に生産技術も変化しないものとします。資本係数 b と労働係数 a

はどちらも一定です。ただし，資本係数は資本設備 K と純生産物 Y の比率 K/Y，また労働係数は労働 L と純生産物 Y の比率 L/Y です。

　第三に実質利潤はすべて投資されると仮定します。このとき，投資 I は実質利潤 P に等しくなります。

$$P_t = I_t \tag{4.13}$$

　第四に雇用情勢が改善すれば，賃金上昇への圧力が高まるでしょう。実質賃金率 R の変化率は雇用率 v の増加関数になると考えられますが，さらに関数型を特定して

$$\frac{R_{t+1} - R_t}{R_t} = -\ell_0 + \ell_1 v_t \tag{4.14}$$

と仮定します。ただし，ℓ_0，ℓ_1 は，$\ell_1 > \ell_0 > 0$ を満たす定数です。

　これまで述べた仮定から，どのような経済変動が生じるでしょうか。実質賃金率 R と資本設備 K の変動に注目しましょう。実質賃金率 R の変動は，実質賃金率 R の変化率を決定する式（4.14）に従い，雇用率 v に依存します。

　一方，資本設備の変動は投資決定に関する仮定から導くことができます。投資 I は資本設備 K の増分でした。この点に注意すれば，資本設備の変化率は（4.13）より

$$\frac{K_{t+1} - K_t}{K_t} = \frac{P_t}{bY_t} \tag{4.15}$$

になります。資本設備 K の変動は資本分配率 P/Y に依存します。

　2 つの動学方程式（4.14）と（4.15）が景気循環を導きます。まず景気上昇局面に注意しましょう。景気上昇に伴い，資本蓄積が加速すれば，雇

用が拡大し，失業率が徐々に低下し始めます。失業率 u の低下は（4.10）
より雇用率 v の上昇を意味します。景気上昇の初期には実質賃金率 R の
低下が見られるかもしれませんが，雇用率 v が一定の値を超えれば，
（4.14）より実質賃金率 R は上昇に転じます。しかしながら，この景気上
昇局面は長くは続きません。

　労働係数 a は一定ですから，実質賃金率 R が上昇すれば，労働分配率
W/Y も上昇します。もっとも労働分配率 W/Y の上昇は（4.12）より資
本分配率 P/Y の低下を意味し，資本分配率 P/Y の低下は資本蓄積に作用
します。（4.15）より資本成長率が下がり，資本蓄積が減速するでしょう。
こうして景気循環は上昇局面から下降局面に移ります。

　景気後退に伴い，資本蓄積が減速すれば雇用が縮小し，失業率 u が
徐々に上昇し始めます。失業率 u の上昇は（4.10）より雇用率 v の低下
を意味します。景気後退の当初は実質賃金率 R の上昇がなお続いている
かもしれません。しかし，雇用率 v が一定の値より下がれば，実質賃金率
R は下降に転じます。

　景気上昇局面と同様，景気下降局面も長続きしません。労働係数 a が一
定のままで実質賃金率 R が低下すれば，労働分配率 W/Y が低下します。
労働分配率 W/Y の低下は（4.12）より資本分配率 P/Y の上昇を意味し
ますが，資本分配率 P/Y が上昇すれば，（4.15）より再び資本蓄積が加速
するでしょう。景気循環は下降局面から再び上昇局面に転じます。

　こうして私たちは出発点に立ち返りますが，再び同じ過程が進行するの
を妨げるものは何もありません。一連の過程が再開され，景気変動が繰り
返されます。

　なお，本来の成長循環モデルは微分方程式によって記述されていますが，
ここでは景気循環のメカニズムを詳しく説明するために，モデルの動学方
程式を差分方程式に書き換えました。

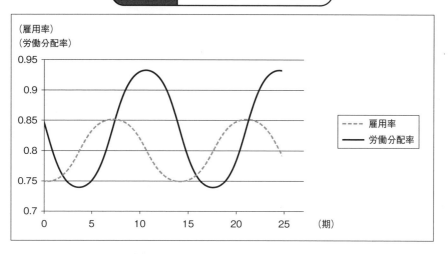

図 4 -12　　成長循環モデル：時系列

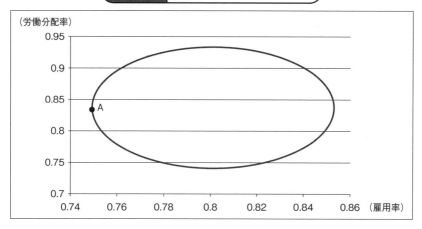

図 4 -13　　成長循環モデル：閉軌道

　成長循環モデルのシミュレーションの結果を**図 4 -12**と**図 4 -13**にまとめました。

　図 4 -12には縦軸に雇用率と労働分配率を，横軸に時間をとり，第 0 期から第25期までの雇用率と労働分配率のグラフを描きました。

　第 0 期から雇用率の上昇が続く中で，当初，下降していた労働分配率は第 4 期前後に上方に反転します。こうして雇用率と労働分配率の上昇がしばらく続きますが，第 6 期を過ぎた頃から今度は雇用率の下方への反転が生じます。

　もちろん労働分配率の変動は雇用率の推移と無関係ではありません。第11期前後には，雇用率に続いて労働分配率も下降に転じます。雇用率と労働分配率はそろって低下します。しかし，第13期を過ぎると，雇用率が上昇に転じ，状況は再び出発点にもどります。

　成長循環モデルにおいて雇用率と労働分配率が周期的に変動していることがわかるでしょう。雇用率と労働分配率の推移を示したのが図 4 -12です。

　図 4 -13では縦軸に労働分配率を，横軸に雇用率をとり，座標平面を描きました。各時点の経済状況は雇用率と労働分配率の組で代表されていると考えてよいでしょう。経済状況は，この座標平面上の点として表現され，この点の運動は経済状況の変化を示します。

　第 0 期の雇用率は0.75，労働分配率は約0.83ですから，経済は最初，図 4 -13の点Aにあります。点Aから出発した経済は直前に説明した変動を経て，すなわち図中の閉じた曲線上を時計の針と逆回りに一周して，およそ14期ごとに点Aにもどります。

　このように出発点にもどる軌跡を閉軌道（closed orbit）といいます。成長循環モデルでは雇用率と労働分配率の軌跡は閉軌道になります。

4.7.3　ハロッドの動学理論

　もう 1 つはハロッド（R.F.Harrod）の動学理論です[7]。ハロッドは現実の成長率，保証成長率および自然成長率の 3 つの経済成長率に注目することにより，景気の上昇と下降および景気反転を説明しました。ハロッドの動学理論についてもハロッド以降，数学的定式化を含む詳細な議論がありますが，やはりその概略を述べるにとどめましょう。

　企業が現在の産出量の変化率をそのまま維持するような成長率は保証成長率と呼ばれます。ハロッドはまず，保証成長率 G_w と現実の産出量の変化率である現実の成長率 G との間の関係に注目して景気の上昇と下降を説明しました。

　保証成長率 G_w は企業にとって望ましい経済成長率ですが，現実の成長率 G が保証成長率 G_w に一致するとは限りません。

　それでは，保証成長率 G_w に等しくないとき，現実の成長率 G はその後，どう変化していくのでしょうか。ハロッドは，いったん現実の成長率 G が保証成長率 G_w から離れれば，その差はますます開いていくと考えました。

　第 3 章では経済成長率の定義を述べました。$t+1$ 期の国民所得 Y_{t+1} と t 期の国民所得 Y_t の差を ΔY_t，すなわち

$$\Delta Y_t = Y_{t+1} - Y_t$$

とすれば，現実の経済成長率 G は

$$G = \frac{\Delta Y_t}{Y_t}$$

と表すことができます。

　同様に $t+1$ 期の資本設備 K_{t+1} と t 期の資本設備 K_t の差を ΔK_t とすれば，

投資I_tの定義より

$$\Delta K_t = I_t$$

であることがわかります。

　ここで国民所得Y_tの一定割合sが貯蓄され，しかも貯蓄S_tと投資I_tが常に均等している状況を想定しましょう。

$$I_t = S_t = sY_t$$

このとき，資本設備の増加分ΔK_tは

$$\Delta K_t = sY_t$$

となります。

　資本設備K_tの増加分ΔK_tと国民所得Y_tの増加分ΔY_tの比率を現実の限界資本係数といいます。いま，現実の限界資本係数$\Delta K_t / \Delta Y_t$をCと置けば，現実の経済成長率Gは

$$G = \frac{s}{C} \qquad (4.16)$$

と書くことができます。この式は，現実の成長率G，貯蓄率sおよび現実の限界資本係数Cの関係を示しています。

　さて，現実の成長率Gは必ずしも保証成長率G_wに一致しません。保証成長率G_wは，必要限界資本係数をC_rとして

$$G_w = \frac{s}{C_r} \qquad (4.17)$$

と書くことができます。貯蓄率sは一定ですから，保証成長率G_wを達成

するためには限界資本係数は一定の水準C_rを維持する必要があります。

　それでは，現実の成長率Gが保証成長率G_wに一致しないとき，何が起きるでしょうか。仮に現実の成長率Gが保証成長率G_wを上回れば，すなわち$G > G_w$であれば，（4.16）と（4.17）を見比べて

$$C_r > C$$

であることがわかります。すなわち現実の限界資本係数Cは必要限界資本係数C_rを下回ります。この状況で企業が資本不足を感じれば，企業は資本設備の増強すなわち投資を決意するにちがいありません。十分な投資が行われれば，乗数効果を通じて国民所得が増加し，現実の経済成長率Gも高まるでしょう。しかも，現実の成長率Gが高まる結果，現実の成長率Gと保証成長率G_wの差も開いていきます。

　逆に，現実の経済成長率Gが保証成長率G_wを下回れば，すなわち$G < G_w$であれば，

$$C_r < C$$

であり，現実の限界資本係数Cは必要限界資本係数C_rを上回ります。このとき企業が資本過剰であると感じ，その結果，投資意欲が減退すれば，現実の経済成長率Gも落ち込むでしょう。しかも，現実の成長率Gは，すでに保証成長率G_wを下回っていましたから，2つの成長率の差は，ますます開いていきます。

　現実の経済成長率Gが保証成長率G_wを上回る限り，現実の成長率はますます上昇し，逆に現実の成長率Gが保証成長率G_wを下回る限り，現実の成長率はますます低下するという命題は不安定性原理と呼ばれます。

　社会的に見ると，不安定性原理は奇妙に思われます。というのは，この原理における企業の対応は，事態を一層，悪化させる方向に働くからです。

しかしながら，個々の企業は決して国民所得の水準を，したがって経済成長率の高さを直接に制御しているわけではありません。各企業が直接に決定できるのは各企業の資本設備の増減だけです。

　それでは，さらに踏み込んで各企業は具体的に，どのようにして投資決定を行っているのでしょうか。特に企業のどのような投資行動を前提すれば，不安定性原理が成立するのでしょうか。不安定性原理に基づく景気循環理論の研究ではハロッド以後，私企業の投資決定が集中的に論議され，次のような投資関数が提案されました。

$$\frac{I_t}{K_t} = \frac{I_{t-1}}{K_{t-1}} + \beta\,(b^* - b_{t-1}) \qquad \beta > 0 \qquad (4.18)$$

ただしb_{t-1}は$t-1$期の平均資本係数，b^*は，資本設備が正常に稼働したときの平均資本係数です。

　$t-1$期の平均資本係数b_{t-1}が標準平均資本係数b^*を下回るとき，企業はt期の資本成長率I_t/K_tを$t-1$期の水準I_{t-1}/K_{t-1}より引き上げ，逆に，平均資本係数b_{t-1}が標準平均資本係数b^*を上回るとき，企業はt期の資本成長率I_t/K_tを$t-1$期の水準I_{t-1}/K_{t-1}より引き下げるでしょう。

　投資関数（4.18）をハロッド＝置塩型投資関数といいます。企業の投資行動がハロッド＝置塩型投資関数に従うとき，かなり一般的な状況の下で不安定性原理が成立することが知られています[8]。

　不安定性原理が成り立つとき，現実の成長率Gが保証成長率G_wを上回れば現実の成長率Gはますます保証成長率G_wから離れて上昇を続けるでしょう。これが景気上昇です。

　一方，現実の成長率Gが保証成長率G_wを下回れば現実の成長率Gはますます保証成長率G_wから離れて下落を続けます。これが景気後退です。

　ハロッドは不安定性原理を用いて景気上昇と景気後退の双方の持続性を

説明しました。

　もっとも，景気循環とは景気上昇と景気後退の反復であり，景気上昇も景気後退も永遠には続きません。景気上昇はいつか景気後退に転じます。それでは景気の反転はどのようにして生じるのでしょうか。

　景気上昇が続けば，雇用の拡大により失業率が徐々に低下し，やがて就職希望者全員が雇用される完全雇用が実現するでしょう。

　ハロッドは保証成長率と現実の成長率に加えて自然成長率G_nを導入しました。自然成長率は正確には人口成長率と技術進歩率の和です[9]が，いま，説明を簡単にするために技術進歩がないものとしましょう。このとき，自然成長率G_nは人口成長率に等しくなります。

　労働市場に失業が見られる限り，企業は新しく労働者を雇用して生産を拡大することができます。このとき，現実の成長率 G は自然成長率G_nに制約されません。現実の成長率 G は自然成長率G_nより高い値をとるかもしれません。しかし，就職希望者全員がすでに就労しているとき，これ以上，雇用を増やすことはできません。完全雇用下では一層の生産拡大は人口に制約され，現実の成長率 G は必然的に自然成長率G_nに一致します。このとき，自然成長率G_nが保証成長率G_wより低ければ，結局，現実の成長率 G も保証成長率G_wを下回るでしょう。3つの成長率の間の関係は次のようになります。

$$G_w > G_n = G$$

　すると，再び不安定性原理が働いて現実の成長率 G の下落が始まります。景気上昇は，経済が完全雇用を実現するや景気下降に転じるのです。ハロッドは，保証成長率と自然成長率の大小関係から景気の上方反転を導きました。

4.7.4　景気循環の変容

　19世紀半ばに，その存在が知られて以来，景気循環は学問的にも実務的にも大いに人々の関心を引き，中でも多くの経済学者が，この周期的な経済変動の原因を探ろうと努めてきました。

　この節で紹介した相互作用モデルや成長循環モデル，ハロッドの動学理論はいずれも，その貴重な成果です。にもかかわらず，私たちは景気循環の原因を完全に解明するに至っていません。景気循環の原因の解明は今日なお，私たちに課せられた理論的課題の１つです。

　加えて，近年，景気循環の特徴に変化が見られることにも注意しましょう。第一に，21世紀に入ってから景気循環の周期が延びる傾向が見られます。長らく，日本の景気循環における最長の景気拡大は，いざなぎ景気と呼ばれる第６循環の57カ月でした。ところが，2002年に始まる第14循環の景気拡大期間は73カ月に，また2012年に始まる第16循環の景気拡大期間は71カ月に及びました。景気循環の周期が延びる傾向は日本だけの現象ではありません。アメリカでも2020年に終わった景気拡大の期間は10年８カ月で過去最長となりました。

　第二に，景気上昇局面は長期間に及びますが，景気上昇の実感を持つことは難しくなりました。第５章で詳しく説明しますが，日本の経済成長率は1991年以降，いくつかの例外を除いて０％から２％の範囲で推移しました。近年は景気上昇局面においても生産拡大や所得向上は緩やかであり，こうした中で人々が景気上昇の実感を得ることは難しいでしょう。統計的にも景気上昇の兆候をつかむことは難しくなったようです。一方，高度経済成長期には日本の経済成長率は景気上昇局面で10％を超えました。

　第三に，近年の景気循環は経済政策の影響を，とりわけ金融政策の影響を強く受けています。景気上昇局面が長く続くことも各国の中央銀行による金融緩和政策の継続と無関係ではありません。19世紀半ば以来，多くの

経済学者が景気循環に関心を寄せた理由の1つに景気循環の規則性があります。4.2節で説明したように景気循環が約10年の周期を持つことから，景気循環は市場経済の自律性の証左と考えられてきました。しかし，強力な政策介入の下で，その自律性が揺らいでいます。

[練習問題]

1.　メディア等を活用して，以下の経済指標の最新データを調べなさい。
　(1)　景気動向指数（先行 C.I.，一致 C.I.，遅行 C.I.）
　(2)　日銀短観の業況判断 D.I.
　(3)　景気ウォッチャー調査の現状判断指数と先行き判断指数
　(4)　内閣府月例経済報告の「景気の基調判断」
　　　なお，毎月刊行される「景気動向指数」の内容は内閣府のホームページでも見ることができます。
2.　「景気動向指数」を見て次の問いに答えなさい。
　(1)　景気基準日付における最近の景気の山と谷はいつか。
　(2)　C.I. 時系列グラフの一致指数の動きから景気の現状を判断しなさい。景気は現在，上昇しているのか，それとも下降しているのか。
　(3)　表4-1，個別系列の一覧において実質機械受注と新設住宅着工床面積が先行系列に含まれているが，それはなぜか。
　(4)　鉱工業生産指数と所定外労働時間指数が一致系列に含まれているのはなぜか。
　(5)　家計消費支出と完全失業率が遅行系列に含まれているのはなぜか。
3.　次の事柄について書かれた最新の経済記事を探しなさい。
　(1)　金融機関の経営破綻
　(2)　株式価格の急落

(3) 短期金融市場での金利高騰

(4) 政府による不良債権の買い取り

(5) 金融機関への公的資金注入

(6) 金融機関の一時国有化

4. 国民所得 Y と消費需要 C に関する連立方程式,

$$C = cY$$
$$Y = C + I$$

がある。

(1) この連立方程式を解いて国民所得 Y と消費需要 C の値を求めなさい。

(2) 消費性向 c が0.9,投資需要 I が40であるとき,国民所得 Y の値はいくらになるか。

(3) 消費性向 c を0.9とする。投資需要 I が40から50に増えたとき,国民所得はどれだけ増加するか。

(4) 投資需要1単位の増加は,その何倍の国民所得の増加を生むか。

5*. 国民所得 Y_t,消費需要 C_t,投資需要 I_t に関する連立差分方程式,

$$C_t = cY_{t-1}, \qquad 0 < c < 1, \qquad t = 1,2,\cdots$$
$$I_t = v(Y_{t-1} - Y_{t-2}) + \bar{I}, \qquad v > 0, \quad \bar{I} > 0, \qquad t = 2,3,\cdots$$
$$Y_t = C_t + I_t, \qquad t = 1,2,\cdots$$

がある。ただし,初期条件を,

$$Y_0 = 680, \quad C_0 = 480, \quad I_0 = 200$$

とする。

(1) 消費性向 c を0.8,資本係数 v を1,独立投資 $\bar{I}$ を100とする。第1期の投資 I_1 が180であるとき,第1期から第15期までの国民所得 Y_1, Y_2, …, Y_{15} の値を求めなさい。

(2) 縦軸に国民所得，横軸に時間をとって，(1)で求めた国民所得の変化を示すグラフを書きなさい。

(3) 連立差分方程式を整理して Y_t に関する2階差分方程式，

$$Y_t = (c + v)\, Y_{t-1} - v Y_{t-2} + \bar{I}, \qquad t = 2, 3, \cdots$$

を導きなさい。

(4) いま，Y_t を，

$$Y_t = \frac{1}{1 - c}\bar{I}, \qquad t = 0, 1, 2, \cdots$$

と置けば，Y_t は(3)の差分方程式の解であることを示しなさい。

(5) また，b が，

$$b^2 - (c + v)b + v = 0$$

を満たすとき，b^t，$t = 0, 1, 2, \cdots$ は2階差分方程式，

$$Y_t = (c + v)\, Y_{t-1} - v Y_{t-2}, \qquad t = 2, 3, \cdots$$

の解であることを示しなさい。

■注────────

(1) 実際には好況期の一連の経済現象が正確に本文で述べたとおりの順序で進行しているわけではありません。時間的な前後関係として記述した2つの経済現象が同時に生じる事態も十分に有り得ることです。改めて，本文の意図は時間的前後関係ではなく経済現象の相互関連を示す点にあったことを強調しておきます。

(2) ここでは議論を簡単にするために政府活動と外国貿易を捨象しました。

(3) この連立方程式を解くことは章末の練習問題としましょう。

⑷　Samuelson, P.A., "Interactions between the Multiplier Analysis and Principle of Acceleration", *Review of Economic Statistics*, Vol.21, 1939, Hicks, J. R., *A Contribution to the Theory of the Trade Cycle*, Clarendon Press, 1950.（古谷弘訳『景気循環論』，岩波書店，1968年）.

⑸　Kalecki, M. *Selected Essays on the Dynamics of the Capitalist Economy, 1933—1970*, 1971.（浅田統一郎，間宮陽介訳『資本主義経済の動態理論』，日本経済評論社，1984年）.

⑹　Goodwin, R.M., "A Growth Cycle" in C.H. Feinstein, (ed.) *Socialism, Capitalism, and Economic Growth*, Cambridge University Press, 1967.

⑺　Harrod, R.F., "An Essay in Dynamic Theory", *Economic Journal*, Vol.49, 1939, Harrod, R.F., *Towards a Dynamic Economics*, Macmillan, 1948.（高橋長太郎，鈴木諒一訳『動態経済学序説』，有斐閣，1959年）.

⑻　置塩信雄『現代経済学』，筑摩書房，1977年.

⑼　この場合，技術進歩率は労働生産性の変化率に等しくなります。

第5章 経済成長

5.1 この章の目的

第4章では景気循環について学びました。景気循環は文字どおり，周期的な経済変動ですが，経済は景気循環を経て正確に，その出発点にもどるわけではありません。一般に国民所得は景気循環を経て出発点より増大します。

景気循環の背後には経済成長があります。この章では経済成長について学びます。

5.2 戦後日本の経済成長

第4章で景気循環について学んだとき，私たちは景気循環に関する種々の事実に触れた後，景気循環の理論に進みました。経済成長についても同様の手順で学習を進めます。

第3章で述べたように経済成長の定義は国民所得の増加ですが，現実の経済成長の過程は，それよりはるかに豊かな内容を持ちます。

まずは生きた経済成長の現実を知りましょう。第二次世界大戦後，国内外の新しい環境の下で再出発した日本経済は，その後，高度経済成長を含む幾多の経験を重ねて現在に至っています。この間，国民所得は一時的な後退はあれ拡大を続けており，戦後日本経済の展開は経済成長の具体的事例としてふさわしいと思われます。

図 5 - 1 　日本の実質国内総生産：1955―2008

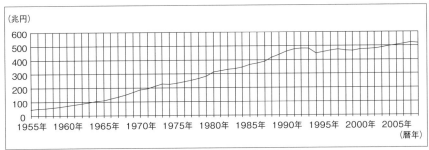

注：1979年以前は1990年暦年価格，1980年以後は1995年暦年価格，1994年以後は2005年連鎖価格。
出所：内閣府「2012年度国民経済計算」等。

この節では戦後日本経済の展開を通じて経済成長の現実の姿を学びます。

5.2.1　成長過程の時期区分

　具体的な事件や短期間の変動に触れる前に，この間の日本経済の成長過程を統計データに基づいて概観しておきましょう。

　日本では1955年以来，政府が国民所得統計を作成しています。**図 5 - 1** には1955年から2008年現在までの実質国内総生産（GDP）の推移を，**図 5 - 2** には1956年から2008年現在までの実質経済成長率の変化を示しました。

　繰り返しになりますが，国民所得は国全体の生産活動を総括しており，国民所得統計を見れば，経済成長過程の概要を知ることができます。それでは，国民所得統計から何が読み取れるでしょうか。

　図 5 - 1 を見ましょう。1955年から1970年代半ばまで実質国内総生産は着実に，しかもかなりのスピードで拡大を続けました。

　ところが，1970年代半ばを過ぎると実質国内総生産の拡大はやや緩やか

図 5 - 2　日本の実質経済成長率：1956-2008

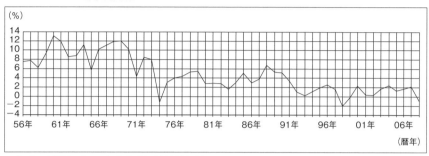

出所：内閣府「2012年度国民経済計算」等。

になり，1980年代に一時的に成長の速度が増すものの，1990年代に入ると一段と緩やかになります。

　1990年代を通じての国内総生産の推移はほぼ横ばいに近いものです。国内総生産が上向くのはようやく2000年代に入ってからです。

　図 5 - 2 を見ても，この印象は変わらないどころか一層，鮮明になるでしょう。

　1973年まで各年の実質経済成長率はいずれも 5 ％を上回り，10％を超える年さえ珍しくありません。

　ところが，1970年代に入ると状況は一変します。1974年に戦後，初めて成長率がマイナスを記録して以来，もはや日本の経済成長率が10％を超えることはありません。1980年代の終わりまで実質経済成長率は大体 3 ％から 5 ％の範囲にとどまります。成長率が 5 ％を超える年でさえ，この十数年間には 2 ， 3 年しかありません。

　もっとも，1991年にバブル経済が崩壊すると，状況は，さらに悪くなります。1992年から2008年までの間，日本経済は一度ならずマイナス成長を経験し，その一方で実質経済成長率が 5 ％を超えた年は一度もありません。

　このように経済成長の様相は戦後日本においても決して一様ではありません。戦後日本の経済成長過程を大きく3つに時期区分しましょう。

　戦後成長の第一期は1945年から1973年までです。日本経済は第一期，終戦直後の混乱から立ち直ったのち，実質経済成長率が平均すれば10％にも達した高度経済成長を達成しました。

　第二期は1974年から1991年までです。第一期後半の高成長に対して第二期は低成長によって特徴づけられます。

　最後に，1992年から2008年までが第三期です。第三期は日本経済の「失われた10年」を含み，第二期と比べて停滞の度合いが一層，濃くなります。第二期の低成長と比べれば，ほぼゼロ成長と言ってよいでしょう。

5.2.2　戦後復興

　戦後日本の経済成長の第一期は終戦直後に始まります。

　1945年8月，日本は太平洋戦争に敗れ，多くの人命，生産設備や経済基盤を失います。敗戦によって日本経済は，まさしく壊滅的ともいえる打撃を受けました。

　日本経済への打撃は物質的な面にとどまりません。日本の占領統治を担当した連合国総司令部（GHQ）は終戦後ただちに財閥解体・農地改革・労働改革に着手し，経済の民主化を進めました。

　こうして，財閥と不在地主制に支えられ，労働運動に対して抑圧的であった戦前の経済システムは終戦と戦後改革によって一掃され，新たに，今日まで続く戦後経済の基本的な枠組みが築かれました。一般に各人は，与えられた制度的諸条件の下で，経済活動に取り組み，人々の経済活動の結果は，経済成長を含む経済変動を引き起こします。戦後日本の経済成長を支えた制度的諸条件が，このとき，形成されました。日本経済は再出発します。

　とはいえ，日本経済の前途は決して平坦ではありませんでした。日本経済は1940年代を通じて食料や生活物資の不足と急激なインフレーションさらには鉱工業生産の停滞と失業に苦しみ，ようやく復興への足掛りをつかむのは1950年6月に勃発した朝鮮戦争によってです。

　自国の国内が戦場になれば戦争は多くの人命と財産を奪いますが，隣国での戦闘は自国に戦争特需をもたらします。戦争遂行に必要な物資やサービスの現地調達を戦争特需といいます。

　1950年以後，朝鮮戦争に伴う特需と輸出拡大から繊維や金属類を中心に鉱工業生産が増加します。戦争によって大きな打撃を受けた日本経済が戦争によって再生に向うのは何と皮肉な巡り合わせでしょうか。

　もっとも，特需は間違いなく戦後復興の契機でしたが，決して経済成長の持続的な推進力ではありませんでした。事実，戦争特需は一時的な需要の増加にとどまり，1953年7月に朝鮮戦争の休戦協定が調印されると，1954年から景気後退が始まりました（29年不況）。

5.2.3　高度成長

　インフレーションを克服して日本経済が特需に頼らない自立的な成長過程に入るのは1955年からです。以後，1973年までの期間，日本の実質経済成長率は平均して10％にも達します。最近の日本の経済成長率は5％にも届きませんから，この事実と比較すれば，上の数値がいかに驚異的であるかがわかるでしょう。

　また，高度経済成長を通じて生活水準は飛躍的に向上し，日本人の日常生活は大きく変貌しました。

　図5-3には，1960年から1972年までの主要耐久消費財の保有率の推移を示しました。1960年代前半にはテレビが，1960年代後半には冷蔵庫が各家庭に普及し，さらに1970年代に入って乗用車の普及が始まることがわか

154

図 5-3　主要耐久消費財の保有率の推移

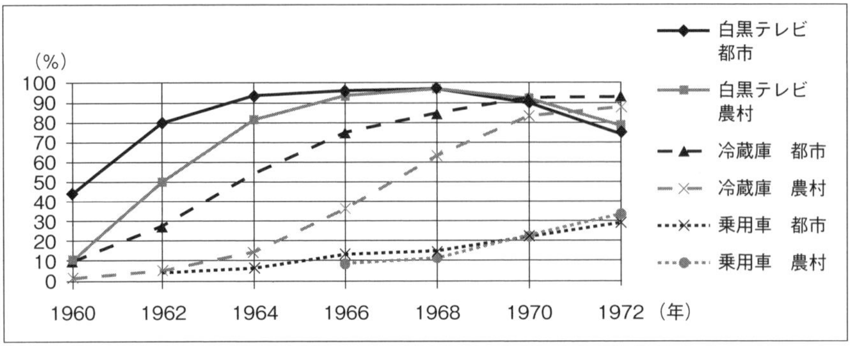

注：国民生活研究所『国民生活統計年報』1970，1972，1976年版による。

るでしょう。

　今では各家庭は当たり前のようにテレビや冷蔵庫など各種家電製品を買いそろえ，自家用車を保有していますが，この現代日本の一般的な生活スタイルは，高度経済成長期に始まるのです。なお，1960年代後半から白黒テレビの普及率が低下するのは，白黒テレビに代わってカラーテレビの普及が始まるからです。

　ともあれ，高度経済成長は量的にも質的にも著しい変化を日本人の生活にもたらしました。しかしながら，この変化は常に遅滞なく進行したわけではありません。急激な変化が続く時期の一方で，変化が比較的緩やかに進行する時期もありました。

　高度経済成長期はさらに３つに時代区分することができます。1955年から1961年までが第一次高度成長期，1962年から1965年までが調整期，1966年から1973年までが第二次高度成長期です。

　前年の年末に底を打った景気は1955年に入って急速に回復し，その後，

表 5 - 1　景気基準日付：1951—1993

	谷	山	谷	期間		
				拡張	後退	全循環
第 1 循環		51年 6 月	51年10月		4 カ月	
第 2 循環	51年10月	54年 1 月	54年11月	27カ月	10カ月	37カ月
第 3 循環	54年11月	57年 6 月	58年 6 月	31カ月	12カ月	43カ月
第 4 循環	58年 6 月	61年12月	62年10月	42カ月	10カ月	52カ月
第 5 循環	62年10月	64年10月	65年10月	24カ月	12カ月	36カ月
第 6 循環	65年10月	70年 7 月	71年12月	57カ月	17カ月	74カ月
第 7 循環	71年12月	73年11月	75年 3 月	23カ月	16カ月	39カ月
第 8 循環	75年 3 月	77年 1 月	77年10月	22カ月	9 カ月	31カ月
第 9 循環	77年10月	80年 2 月	83年 2 月	28カ月	36カ月	64カ月
第10循環	83年 2 月	85年 6 月	86年11月	28カ月	17カ月	45カ月
第11循環	86年11月	91年 2 月	93年 1 月	51カ月	32カ月	83カ月

出所：内閣府「景気動向指数」。

力強い景気拡大が長く続きます。この好況は皇祖神武天皇以来の好景気と言われ，後に神武景気と呼ばれます。神武景気の景気拡大の期間は31カ月に及びます。

　3.3節には1990年代以降の景気基準日付を提示しましたが，政府による景気基準日付の設定は1950年代に始まります。表 5 - 1 には1950年代の第 1 循環から1980年代末の第11循環に及ぶ景気の山と谷を示しました。神武景気は第 3 循環にあたります。

　神武景気は1957年に終わりますが，ナベ底不況と呼ばれる 1 年ほどの不況を経て，景気は1958年後半に再び上向きます。今度の好況は1961年の年

末まで続き，景気拡大の期間は神武景気を抜いて42カ月に及びました。そのため，この好況は「天の岩戸」以来の好景気と言われ，後に岩戸景気と呼ばれます。

第一次高度成長期は神武景気に始まり，ナベ底不況を経て，岩戸景気の終りまで続きます。

この時期の景気上昇の推進力はもはや，特需のような一時的な需要ではありません。景気を押し上げたのは民間設備投資であり，特に技術革新を伴う新鋭設備への投資です。

1つの産業部門での設備投資は，その部門に投資財を供給する他の産業部門での設備投資を誘発します。したがって，産業部門間に密接な相互連関があるとき，1つの産業部門での設備投資の拡大は国内の多数の産業部門で企業の投資意欲を高めることになります。

第一次高度成長期には，当時の表現を借りれば，「投資が投資を呼ぶ」形で設備投資が主要な産業部門に波及し，景気拡大が続きました。

しかしながら，力強い景気上昇も1961年の年末には終わり，景気は以後，下降に転じます（62年不況）。

次の景気上昇の契機はオリンピック開催です。1964年にはオリンピック東京大会の開催が予定されており，そのために高速道路や鉄道の整備や宿泊施設等の建設が急務でした。政府は1963年に入って公共投資を拡大し，1964年には東海道新幹線も開業します。こうした公共投資の拡大により景気は上向きます。

もっとも，オリンピック開催を契機とすることから当時，オリンピック景気と呼ばれた景気上昇は，長くは続きませんでした。1964年秋から景気が後退し始め，日本経済は1965年，大型倒産を含む企業倒産が続出する深刻な不況を経験します（65年不況）。

結局，20年近くにも及ぶ高度成長期全体から見ると，1961年から1965年

までの5年間は調整期に当たります。それでも，調整期とはいえ経済成長率は5％を下回ることはなく，近年の好況期よりも高いことを忘れてはなりません。

　大型倒産と大企業の経営不振が注目される中で，1965年当時，1950年代半ばに始まった高度経済成長が，その後も続くことを予想する者は比較的少数でした。ところが，1966年から景気は急速に回復し，景気上昇は1970年夏まで続きます。景気拡大の期間は57カ月に及びます。

　神武景気，岩戸景気を上回る長期の好況は日本国建国以来とされ，いざなぎ景気と呼ばれました。以後，2002年2月に始まるいざなみ景気まで，この景気拡大の記録が更新されることはありませんでした。いざなみ景気は2020年現在で戦後最長です。

　1970年夏から，景気は1年ほど後退しますが，政府の景気刺激策や「日本列島改造ブーム」により，1972年には景気は再び上昇し始めます。

　結局，第二次高度成長期は1973年まで続きます。

5.2.4　高度成長の要因

　1950年代半ば以来の高度経済成長の結果，1968年には日本の国民総生産（GNP）は西ドイツを抜いて自由主義諸国の中で第2位になります。それでは何が，この高成長をもたらしたのでしょうか。

　第一の要因は，すでに触れたように，技術革新を伴う設備投資です。

　第3章では投資が他の需要項目とともに，国内で生産された財に対する需要を構成することを学びました。乗数理論が示すように投資需要の上昇は国民所得を高め，多くの場合，投資需要の上昇以上に国民所得を押し上げるでしょう。その上，この設備投資が新鋭設備への投資であれば，生産性の向上により経済成長はさらに加速します。

　なお，活発な設備投資が第一次高度成長期における成長の推進力であっ

たことはすでに述べましたが，第二次高度成長期に入ってからも企業の投資意欲は衰えませんでした。

第二に所得向上です。第4章で説明したように所得が向上すれば人々の消費水準は高まるでしょう。

高度成長期を通じてテレビや冷蔵庫などの家電製品や乗用車が各家庭に急速に普及していったことはすでに述べました。人々の所得向上は，このような耐久消費財への旺盛な需要を生みます。消費需要の上昇により生産が刺激されれば，当然のことながら，国民所得が増加します。

もっとも，経済成長を促したのは日本の国内事情ばかりではありません。国際環境も日本の経済成長に有利に働きました。

第三に低廉なエネルギーの安定的確保です。

エネルギーを含む原材料の安価な供給により国民所得は増大します。高度経済成長の過程でエネルギー源は石炭から石油へと大きく転換しましたが，日本は，この間，安い石油を中東諸国から輸入することができました。

第四に，この間の為替レートが日本の輸出競争力に比べて円安だったことです。

1949年4月，円の対ドル為替レートは連合国総司令部（GHQ）により1ドル＝360円に定められ，この交換比率が固定相場制の下，1971年まで維持されます。

高度成長の中で日本の製造業は国際競争力を高め，輸出を順調に伸ばしていきました。にもかかわらず，高度成長期以前に定められた為替レートが改定されることはありませんでした。

1ドル＝360円という為替レートは高度成長期初期を別にすれば，高まる日本の輸出競争力に対して円安であり，日本の工業製品の輸出に有利に働きました。輸出拡大が日本国内の生産を高めることは言うまでもありません。

column 1．貨幣制度

　日本をはじめ先進工業諸国では現在，硬貨・紙幣・銀行預金が貨幣として流通していますが，常に貨幣が，このような姿をとっていたわけではありません。貨幣とは他のどんな財とも交換可能な財であり，一言で言えば一般的交換手段（general means of exchange）です。最も古くは貝殻や塩・布・穀物・金属など日常生活で普通に使用される財が貨幣として利用されました。このように他に本来の用途を持つ財を物品貨幣といいます。

　交易が進むにつれて各種の物品貨幣は金や銀にとって代わり，さらには国家によって金貨や銀貨が製造されるようになりました。というのは，金貨や銀貨が製造される以前は売買のたびに金銀の重量が測られていたのです。どのような財が貨幣として利用されるかは時代によって異なり，貨幣制度は何が貨幣であるかによって区別されます。

　金本位制の下では政府が金の一定重量を貨幣1単位と定め，さらに誰に対しても金貨の自由鋳造を認めました。金は本位貨幣となり，原則的に金貨が国内で流通します。

　もっとも貨幣取引のたびに大量の金貨を持ち運ぶことは不便でしょう。市場取引が拡大すると金貨の代わりに，金貨との交換を保証する兌換紙幣が流通するようになりました。兌換紙幣は金貨の代用品であり，人々は，いつでも兌換紙幣を金貨と交換することができます。

　19世紀以来，金本位制を採用してきた国々は第一次世界大戦後，次々に金本位制から離脱しました。金はもはや本位通貨ではなく，また，兌換紙幣は，金との交換が保証されない不換紙幣になりました。その後，先進各国は，中央銀行が国内の通貨供給量を一定限度内で調整する管理通貨制度に移行します。

　最後に，日本経済が急成長していた時期，日本ほどではないにしろ他の先進工業諸国も平均して高い成長率を維持しました。この時期の世界的な好況も輸出拡大を通じて日本の高度成長に少なからず貢献したことは疑いありません。

　これらの成長要因に支えられて，日本経済は1950年代半ばから1970年代初頭にかけて，驚異とも言える高成長を遂げることができました。

　もっとも，これらの成長要因のいくつかは歴史的あるいは制度的要因であり，将来にわたって不変である保証はありません。歴史的要因が消滅したとき，日本経済は，はたして，それまでの歩みを続けていくことができたのでしょうか。

　1つの成長要因は早くも高度成長期末期に崩れ始めました。1971年8月，アメリカ政府は金とドルの交換停止を含む新政策を発表します。いわゆるドル・ショックです[1]。

　それまでアメリカ政府は金1オンス＝35ドルの公定価格を定め，外国通貨当局との間で公的ドル保有高を無条件で金と交換することを公約していました。金とドルの交換停止により，この約束が無効になりました。

　貨幣制度の変遷という点では，1971年夏に発表された一連の政策のうちで，金とドルの交換停止がとりわけ大きい意義を持ちます。

　以前の金本位制下では，紙幣は広く流通するにしても，本位貨幣である金貨の代用品であり，兌換により常に金との交換が保証されていたのです。すなわち，紙幣の通用力は金によって裏付けられていたと考えてよいでしょう。

　各国は1930年代に金本位制を離脱しており，紙幣流通の金による裏付けは国内的にはすでに停止していましたが，この時点で国際的にも停止します。国内的にも国際的にも紙幣の流通は，もはや金による裏付けを持ちま

せん。

　しかしながら，戦後日本の経済成長を考えるとき，ドル・ショックの最大の意義はそこにはありません。アメリカ政府は同時に主要各国に対ドル為替レートの切上げを要求し，円の対ドル為替レートは1971年12月に1ドル＝308円に切り上げられます。さらに，国際通貨体制が動揺する中で主要先進国は1973年2月から変動相場制に移行します。

　為替レートが公的に固定される固定相場制に対し，為替レートが市場の需給に応じて日々，変動する為替相場制度を変動相場制といいます。

　ドル・ショックを契機に円は固定相場制から変動相場制に移行し，以後，対ドル為替レートは，日々の為替取引を通じて絶え間なく揺れ動きながらも徐々に円高に向かいます。

　図5-4には1970年代以降の対ドル為替レートの変動を示しました。この図では通常のグラフと異なり，縦軸の下から上に向かって数値が減少していることに注意しましょう。1970年代初め1ドル＝360円であった円の

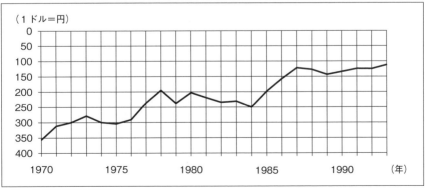

図5-4　円の対米ドルレート：1970―1993

注：各年の年末の数値。

対ドル為替レートは1980年代初頭に200円台に，1980年代半ばを過ぎて150円台近辺まで上昇します。

　高度成長を支えた支柱の1つが1971年のドル・ショックによって揺らぎ始めました。

5.2.5　石油危機

　さらにもう1つの支柱が動揺し始めたとき，戦後日本の経済成長は決定的な転機を迎えました。

　1973年10月に第四次中東戦争が勃発すると，アラブ産油国は原油価格の引上げと非友好国への原油輸出の停止を決定しました。その結果，1974年1月，原油価格は1年前の4倍にも跳ね上がります。後に，この事件は第一次石油危機と呼ばれます。

　エネルギー供給の大部分を大量の原油輸入に頼っていた日本経済に第一次石油危機が与えた衝撃は途方もなく大きいものでした。

　すでに穀物や工業原料など一次産品価格の世界的な高騰は始まっていましたが，第一次石油危機により物価上昇はいよいよ加速します。日本国内でも石油製品を中心に値上げが相次いだ結果，当時，狂乱物価と呼ばれたほどの急激な物価上昇が生じ，さらには不安に駆られた人々がトイレットペーパーや洗剤を買い急ぐ物不足パニックさえ引き起こされました。

　こうした事態に直面して，政府は何よりも急激なインフレーションを押さえ込むため，強度の財政金融の引き締めを行います。その結果，1973年年末から景気後退が始まり，実質経済成長率は1974年に戦後初めてマイナスを記録します。

　経済成長は，ここに来て急停止し，以後，1970年代を通じて日本の実質経済成長率は年平均で3％台にとどまりました。

　1974年から戦後成長過程の第二期が始まります。第一期の後半が高成長

によって特徴づけられるのに対し，第二期は低成長によって特徴づけられることになります。

　1975年に入ると，景気は持ち直しますが，景気回復の勢いに力強さはありません。第一次石油危機以降の混乱は1977年まで続くと考えてよいでしょう。もっとも，このときの景気後退は単に，その影響が長期に及んだだけでありません。1970年代半ばからの経済状況は非常に特異な様相を呈しました。

　一般に景気後退局面では物価上昇率は，必ずしもマイナスにならないにしても，低く抑えられます。ところが，このときの不況では，インフレーションは沈静化しません。不況（stagnation）下のインフレーション（inflation）をスタグフレーション（stagflation）といいます。第一次石油危機以降の不況の著しい特徴はスタグフレーションの発生です。

　スタグフレーションの下では経済政策の立案がとりわけ困難です。景気浮揚のためには政府支出の拡大や金融緩和が望ましいのですが，そのような政策はインフレーションを加速してしまいます。逆に，インフレーション抑制のために政府支出の削減や金融引き締めを行えば，景気はさらに落ち込みます。

　スタグフレーションの下で，政府と中央銀行は景気浮揚とインフレーションの抑制という 2 つの政策目標を持ちますが，一方の目標達成に有益な政策手段は他方の目標達成の妨げとなります。

　1977年の年末から景気上昇が始まります。日本経済はようやく長い混迷から立ち直るかに見えましたが，早くも1979年に第二次石油危機が日本経済を襲います。1979年のイラン革命を契機に，イランをはじめ石油輸出国機構（OPEC）加盟諸国は一斉に減産を決意し，原油価格は再び急騰します。

　すると，先進各国はインフレーションを抑制するため再び厳しい金融引き締めを実施し，1980年から世界経済は長い不況局面に入ります。日本では1980年初めから景気後退が始まり1983年まで続きました。

　二度にわたる石油危機は，アメリカをはじめとする先進国経済に大きな打撃を与え，この点で日本経済も例外ではありませんでした。

　それでも，日本経済が受けた打撃は他の先進国経済より軽微であり，日本経済は二度の危機に直面して相対的に高い適応力を示しました。

5.2.6　バブル経済

　第二次石油危機後の不況を経て，景気は1983年春から回復に向かいます。この景気回復を主導したのは輸出，特にアメリカ向けの輸出です。すでに述べたように，日本企業は石油危機がもたらした新しい経済環境にいちはやく適応し，他の先進国の市場で優位に立つことができました。

　加えて，1980年代前半，アメリカが進めた高金利政策は世界的にドル高をもたらしました。高金利政策の結果，円の対ドル為替レートは当時，変動相場制に移行した時点と比べて相当に切り上げられていたものの，なお日本の国際競争力に比して円安でした。企業努力だけでなく，この円安も日本の対米輸出拡大に有利に働いたことは間違いありません。

　しかし，好ましい国際環境は長くは続きませんでした。1985年のプラザ合意を受けてドル高の是正が始まります。

　1985年秋，主要国の中央銀行は，G5（主要5カ国蔵相中央銀行総裁会議）を開催し，大規模な協調介入を実施することに合意します。協調介入を契機に，米ドルを除く各国通貨は対ドルで切り上げられ，ドル高の是正が進みます。もちろん日本円も対ドルで切り上げられます。

　日本の輸出関連産業は円の切り上げによって大きな打撃を受け，すでに後退局面に入っていた景気は一段と冷え込むことになります（円高不況）。

column 2. バブル

　1991年にバブル経済が崩壊して以来，バブルという経済用語は一般の人々の間にも，すっかり定着したようです。それでは改めてバブルとは何でしょうか。バブルとは，経済の基礎的諸条件（ファンダメンタルズ）を反映する水準を超えて株式価格や土地価格などの資産価格が上昇することです。

　通常の状態では資産価格の形成は長期的に経済の基礎的諸条件を反映していると考えられます。ミクロ経済学では各種の財やサービスの価格は結局，資源の初期賦存量，人々の選好および生産技術によって決定されました。ここで資源の初期賦存量，人々の選好および生産技術はいずれも経済の基礎的諸条件と見なしてかまいません。

　もっとも短期には資産価格の形成は人々の期待にも左右されます。人々は，将来の企業収益を予想して株式を，また将来の家賃収入を期待して不動産を購入するでしょう。

　資産価格の形成には人々の期待が重要な役割を果たしますが，人々が資産選択に際して常に冷静に将来を見通しているわけではありません。投資家はときに，根拠のない熱狂の中で株式や不動産を買い求め，その結果，資産価格が急騰するかもしれません。資産価格が経済の基礎的諸条件を反映する水準を超えて上昇するとき，バブルが発生します。したがって，たとえ資産価格の上昇が起きても，それが経済の基礎的諸条件を反映する限り，決してバブルではありません。

　とはいえ，根拠のない熱狂は長くは続きません。投資家が落ち着きを取り戻して資産価格の形成が経済の基礎的諸条件を反映していないことに気づくと，資産価格は急落し，バブルは崩壊します。

　円高不況に直面して，政府は公共投資を中心に財政支出を大幅に増やし
て内需を刺激し，日銀も相次いで利下げを実行しました。石油危機以後の
混乱を輸出拡大で乗り越えてきた日本経済は，このとき，1つの転換を迫
られます。外需主導の成長から内需主導の成長への転換です。日本経済は
はたして，この成長戦略の転換に成功したのでしょうか。

　拡張的な財政金融政策により，景気は早くも1986年の年末には上昇し始
めますが，これが後にバブル景気と呼ばれる景気上昇の始まりです。もっ
とも，景気上昇が始まった当初からバブルが発生していたわけではありま
せん。
　低金利と企業業績の回復により，1986年から資産価格の上昇が始まりま
すが，それは当初，バブルではありませんでした。しかし，1988年以降，
資産価格の上昇はバブルに転じたと言われます。
　図5-5には1986年年初から1992年年末までの日経平均株価の各月の終
値を示しました。1986年1月に1万3千円ほどだった相場は80年代末まで，
ほぼ一本調子で値を上げます。こうして，1986年以降，上昇を続けた日経

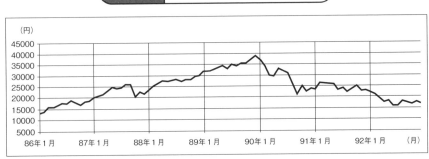

図5-5　日経平均株価：1986-1992

注：各月終値。

平均株価は1989年12月に 3 万8,915円の史上最高値をつけますが，その直後に下降に転じ，1990年 3 月には 3 万円台を割ります。その翌年は，かろうじて 2 万円台を維持しますが，1992年には 2 万円台さえ割り込みます。

　地価の変動も株価の推移と大差ありません。**図 5 - 6** には，東京・大阪・名古屋の三大都市圏における公示地価の推移を示しました。地価は住宅地も商業地も1980年半ばから上昇を続けますが，1991年をピークに下落に転じます。

　1991年にはバブル経済が崩壊し，景気後退が始まります。

　第一次石油危機からバブル崩壊までの第二期，日本経済は以前より減速しつつも成長を続けてきました。第二期の経済成長を主導してきたのは輸出です。

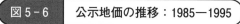

図 5 - 6　公示地価の推移：1985—1995

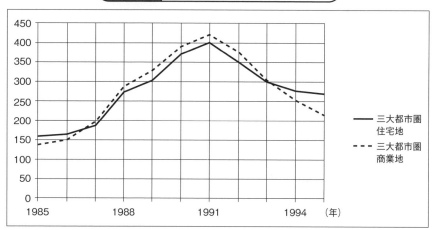

注 1 ：三大都市圏は東京圏・大阪圏・名古屋圏。
　　 2 ：1974年地価公示を100とする。
　　 3 ：各年 1 月 1 日を評価時点とする。
出所：国土交通省「地価公示」。

1980年代後半，日本経済は，国際環境の急変の中で，この外需主導の経済成長を内需主導の成長に転換することを試みました。しかしながら，その試みはバブル経済を生み，結局，その崩壊に至ります。

内需主導の経済成長への転換を果たせないまま，戦後日本の経済成長過程は第三期に入ります。

5.2.7　不良債権処理

1980年代後半，銀行をはじめとする金融機関は，株式価格や土地価格などの資産価格が上昇する中で，ノンバンクを介して不動産業向け融資を増やしていました。ところが，1991年にバブル経済が崩壊すると，不動産業向け融資の多くは不良債権に変わり，ノンバンクや金融機関の経営を圧迫することになります。1990年代を通じての日本経済の最大の懸案は金融機関の不良債権処理でした。

バブル経済崩壊後，ノンバンクや金融機関の経営破綻が相次ぎ，1995年には住宅金融専門会社（住専）7社の不良債権処理に6,850億円の公的資金が投入されることが決定されます。もっとも不良債権問題はノンバンクや中小金融機関にとどまりません。

1997年4月に消費税率が3％から5％に上がり，同年7月にアジア通貨危機が発生しました。同年11月には北海道拓殖銀行と山一證券の経営が破綻し，金融システム不安が高まりました。さらに1998年に入って2つの長期信用銀行，日本長期信用銀行と日本債券信用銀行が一時国有化され，1999年には都市銀行15行に対して総額7兆4,592億円の公的資金が注入されました。

こうしてバブル経済崩壊は1990年代以降の日本経済の発展方向を決定することになりましたが，バブル経済崩壊とほぼ同じ時期，海外では，それに劣らない決定的な事態が進行します。1989年11月にベルリンの壁が崩壊

し，同年12月のマルタ会談では米ソ首脳が東西冷戦の終結を宣言しました。
1990年に東西ドイツが統一され，1991年にはソ連が崩壊します。冷戦終結
により旧ソ連・東欧圏は社会主義経済から市場経済に移行し，以後，国境
を越えたヒト・モノ・カネの自由な移動を意味するグローバリゼーション
が急速に進展していきます。

　冷戦下では日本は西側諸国の一員であり，アメリカ政府は対日貿易交渉
においても安全保障上の配慮を示してきました。しかし，冷戦が終結する
と，貿易交渉の場で安全保障上の配慮よりも通商上の利益が優先されるこ
とになります。1993年に始まる日米包括協議でアメリカ政府は日本の市場
開放を強く要求し，日米政府は1994年，日本における政府調達の改善と保
険市場・金融サービスの自由化で合意しました。

　1996年には，「日本版ビッグバン」と呼ばれる金融システム改革が提起
され，以後，金融持株会社解禁，株式売買委託手数料の自由化，外国為替
取引の自由化など金融分野での規制緩和が進みます。

　それでは不良債権問題とグローバリゼーションはマクロ経済に，どのよ
うな影響を及ぼしたのでしょうか。

　第一に巨額の不良債権の発生により金融機関の業績は悪化しました。加
えて，1990年代に入って国内金融機関を取り巻く環境も一変しました。国
際決済銀行（Bank for International Settlements. BIS）は金融機関の自己資
本比率に関する国際統一基準（BIS 規制，バーゼル I）を定め，日本は
1992年からバーゼル I を本格実施しました。バーゼル I の実施の1つの背
景には海外市場での日本の金融機関の躍進があったと言われています。国
内金融機関は以後，国際基準での自己資本の充実に注意を向けるようにな
ります。

　また欧米格付け会社が国内金融機関の格付けを引き下げ，資金調達コス
トが増大します。なお，この時期，外資系金融機関がアジア地域の活動拠

点を東京から香港やシンガポールに移したことも見過ごせません。実は
「日本版ビッグバン」の目標の1つは国際金融市場としての東京市場の再
生にありました。

　さらに**図5-7**に示したように，90年代の終わり，経営危機に陥った各
種金融機関は次々に金融持株会社の下に再編されました。

　第二に設備投資の減退です。グローバリゼーションの下で，東アジアや
中国に生産拠点を移す企業が続出し，国内の産業空洞化の懸念が高まりま
した。一方，金融機関は業績が悪化する中で新規の融資に極めて慎重にな
り，金融機関の貸し渋り（クレジット・クランチ）が発生しました。

　バブル経済の崩壊から10年間，日本の経済成長率は，低成長だった1980
年代の平均水準をさらに下回り，年によってはマイナスを記録しました。
日本経済は停滞し，この期間は，しばしば日本経済の「失われた10年」と
呼ばれます。

5.2.8　構造改革

　1999年1月から景気は回復に向かいますが，この景気上昇は長く続きま
せん。ITバブルの崩壊により早くも2000年11月に景気は下方反転し，日
本経済は再び混迷します。

　こうした状況の中で日本銀行は異例の政策対応に踏み込みます。日銀は
2001年3月には金融の量的緩和政策を採用しました。**図5-8**で示したよ
うに日銀は，すでに1999年3月から2000年8月までの期間，ゼロ金利政策
を一度，実施していましたが，量的緩和政策では政策金利を事実上ゼロに
保つだけでなく，民間金融機関が日銀に持つ日銀当座預金残高の目標値を
新たに政策目標とします。日銀当座預金残高の目標値は当初は5兆円に，
2004年1月には30兆円まで引き上げられました。

　さらに，2001年4月に発足した小泉内閣は，規制緩和・財政再建・不良

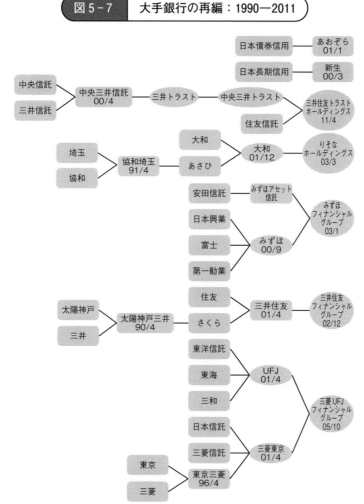

図 5 - 7　大手銀行の再編：1990－2011

注：□は銀行，○は持ち株会社。
出所：日本経済新聞等。

172

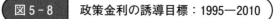

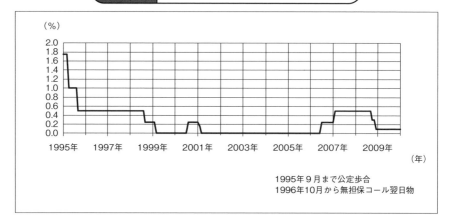

図5-8　政策金利の誘導目標：1995―2010

1995年9月まで公定歩合
1996年10月から無担保コール翌日物

　債権処理を目指して構造改革に着手しました。経済政策の重点は公共事業中心の景気対策から，民間企業の経済活動を制約してきた規制を緩和する規制緩和政策に移ります。

　規制緩和の対象は多岐にわたりますが，まずは郵政事業の民営化に注意しましょう。日本郵政公社は2007年10月，持株会社である日本郵政株式会社の下で4社に分割民営化されました。「日本版ビッグバン」は民間金融分野での規制緩和でしたが，郵政民営化は金融システム改革の観点からは公的金融制度の規制緩和であると考えられます。

　第二に規制緩和は労働市場にも及びました。1999年の労働者派遣法改正では派遣業務の拡大が，2004年の改正では製造業務への派遣解禁が行われました。その結果，非正規雇用者が増大し，所得格差が拡大します。企業が労賃コストの低い東アジアや中国に生産拠点を移すと，国内の労賃コストの高さが強く意識されるようになりました。

　景気は2002年1月を谷として反転します。以後，景気拡大は力強さに欠

けるものの，2008年 2 月まで続き，1960年代のいざなぎ景気を超えて戦後
最長に及びました。また，非伝統的金融政策であった金融の量的緩和政策
は2006年 3 月に解除され，続いて，同年 7 月にはゼロ金利政策も解除され，
政策金利は0.25％にもどります。

　2008年にアメリカ発の金融危機が起こります。サブプライムローン（信
用力の低い個人向け住宅ローン）問題に始まる経営危機の中で，2008年 3
月，アメリカ投資銀行ベア・スターンズが救済合併され，同年 9 月には同
じくアメリカ投資銀行リーマン・ブラザーズが経営破綻し，保険最大手の
AIG グループに対して公的支援が実施されました。

　アメリカの大手投資銀行が経営破綻したことは世界の金融市場に衝撃を
与え，事態は一挙にグローバル金融危機に発展します。グローバル金融危
機の影響は実体経済にも及びます。日本でも，輸出が激減するとともに設
備投資と消費が減退し，2008年と2009年の実質経済成長率はそれぞれ
－1.0％と－5.5％になりました。2020年現在，2009年の実質経済成長率の
減少幅は戦後最大です。

5.2.9　小　　括

　ここまで概観してきた戦後日本経済の歩みは格好の経済成長の事例でし
た。それでは，この歴史的事例から，私たちは何を学ぶことができるで
しょうか。

　第一に経済成長の要因について考えましょう。**図 5 - 9** に示した戦後日
本の人口成長と図 5 - 1 の実質国内総生産の変化を比較してみれば，経済
成長と人口成長の関連が深いことがわかります。特に1990年代に入っての
人口成長の減速は日本経済の長期停滞とうまく対応します。もっとも人口
成長は経済成長の重要な要因と考えられますが，経済成長の要因は人口成
長だけではありません。

174

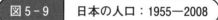

図 5 - 9　　日本の人口：1955—2008

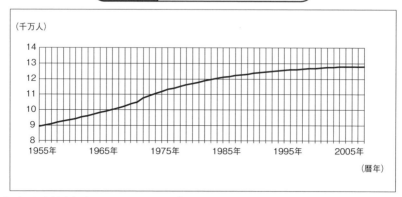

（千万人）

14
13
12
11
10
9
8

1955年　　1965年　　1975年　　1985年　　1995年　　2005年

（暦年）

出所：国立社会保障・人口問題研究所「人口統計資料集2014年版」。

　図 5 -10に 1 人あたり国内総生産の変化を示しました。 1 人あたり国内総生産もまた増大しています。経済成長は人口成長を上回るスピードで進行しており，したがって経済成長には技術進歩など人口成長以外の要因が関与していることが示唆されます。

　第二に，この節の始めで戦後日本の経済成長過程を大きく 3 つの時期に分けました。第一期は終戦直後から第一次石油危機までであり，戦後復興期を除けば，高成長によって特徴づけられました。第二期は第一次石油危機から始まり，バブル経済崩壊まで続きます。この時期は低成長によって特徴づけられました。最後に第三期はバブル経済崩壊以後，リーマン・ショックまでです。第三期は，日本経済の「失われた10年」を含み，ゼロ成長に近い長期停滞によって特徴づけられます。

　成長過程の各期が政治的経済的事件によって区分されていることに注意しましょう。成長時期の移行の背後に国内外の経済環境の変化があり，大きな政治的経済的事件を契機に日本経済は新しい時期を迎え，成長の基調

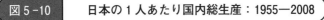

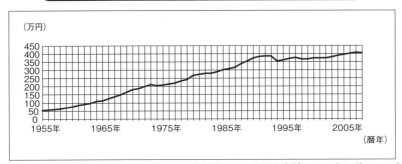

注：1979年以前は1990年暦年価格，1980年以後は1995年暦年価格，1994年以後は2005年連
　　鎖価格。
出所：内閣府「2012年度国民経済計算」，国立社会保障・人口問題研究所「人口統計資料集
　　2014年版」等，実質。

が変化しました。

　第二次世界大戦の終戦は日本に戦後改革をもたらしたばかりではありま
せん。戦勝国間の対立は間もなく東西冷戦へと発展し，日本は西側陣営に
組み込まれます。東西冷戦が開始されるとアメリカは日本の非軍事化から
一転して日本の経済復興を強く望むようになりました。第一期，日本は，
当時，圧倒的な経済力を誇っていたアメリカの援助の下，西側諸国の一員
として経済復興を遂げ，高度経済成長へと進みます。

　1960年代，先進工業諸国の高成長の中で日本や西ドイツの経済力が伸長
します。一方，産油国を中心に資源ナショナリズムが高まり，第一次石油
危機が起こると，1975年，第一回先進国首脳会談（サミット）が開催され
ました。第二期にはアメリカの経済力が相対的に低下する中，共通の課題
に対する西側諸国間の政策協調が進展します。

　日本でバブル経済が崩壊するほぼ同じ時期，東西冷戦が終結しました。
冷戦の終結により旧ソ連・東欧圏は社会主義経済から市場経済に移行し，

以後，グローバリゼーションが急速に進展していきます。第三期には日本はアメリカ政府から国内市場の開放を強く迫られる一方で，日本企業も東アジアや中国に生産拠点を移しました。

　歴史的には各期の経済成長は，ある基本的枠組みの中で引き起こされると考えられます。

　さて，第4章では近代社会の経済活動が景気循環を伴うことを学びました。

　第三に，日本経済の成長過程も好不況の波と無関係ではありませんでした。高度成長期にあっても常に景気上昇が続いていたわけではありません。平均すれば10％を超えていた高度成長期の経済成長率も，ときに7％前後まで下がることがありました。戦後成長のどの時期においても国民所得はある時は急速に，ある時は緩やかに拡大し，好況と不況が繰り返されました。

　経済成長率の上下振動を循環（サイクル）と呼ぶ一方，短期の振動を取

図 5 -11　循環的成長

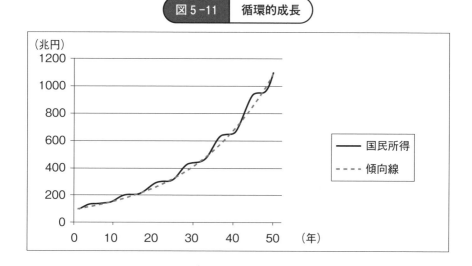

り除いた国民所得の長期的変動を傾向（トレンド）と呼びます。

　実際の経済成長の過程では循環と傾向は分離できません。国民所得は周期的振動を伴って拡大し，経済は循環的成長を続けます（図 5-11）。

5.3　統計的事実

　実際の経済変動は循環（サイクル）と傾向（トレンド）の合成ですが，景気循環論が循環に注目したのに対し，経済成長論は傾向を取り上げます。

　では，何が，この傾向を決定しているのでしょうか。経済成長論の課題は結局のところ，国民所得の長期的変動を決定している要因を明らかにすることにあります。

　前節では個別具体的事実に即して戦後日本経済の展開を見てきました。もちろん個別具体的事実認識は経済成長を論じる上で不可欠ですが，歴史的事件の分析だけでは経済成長の本質をつかむことはできません。

　経済成長論は，さらに進んで，歴史的事件の背後でどのような成長要因が働いているのかを考えます。ここに経済成長論と経済史研究との決定的な違いがあります。

　成長要因の分析では歴史的事件と並んで日常的な事実の集積も無視できません。実際，ありふれた，しかし大量の事実から，得られるものは意外にも大きいのです。

　この節では，統計的事実に基づく経済成長の実証研究を紹介します。

5.3.1　社会的生産

　経済成長が国民所得の増加であることは第 3 章で述べました。それゆえ経済成長の要因の解明は結局，国民所得の決定の問題に帰着します。

　国民所得の水準は何によって決定されるのでしょうか。実は，この問題

は私たちにとって初めての問題ではありません。第4章で景気循環を論じたとき，私たちはすでに，この問題に取り組み，国民所得は財市場で需要と供給が等しくなるよう決定されると説明しました。とはいえ，そのとき説明したのは短期での国民所得水準の決定です。

循環（サイクル）を取り上げる限り，短期の分析は十分，意味を持ちます。しかしながら，短期の分析を，傾向（トレンド）を論じる経済成長論に無条件に適用することはできません。

短期では総需要が国民所得水準の決定に大きな役割を果たしますが，長期において重視されるのは総需要よりもむしろ総供給です。

短期の分析では資本設備の生産能力は所与であり，その限度内でどれだけの生産が実現するかが問われます。各企業の生産量は需要量に依存します。一方，長期においては資本設備の生産能力自体が拡大する可能性があります。

それでは総供給を決定しているものは何でしょうか。いま一度，国民所得の定義に立ち返ることにしましょう。国民所得とは社会全体の純生産物でした。ですから，生産の決定要因に注意すればよいでしょう。

一般に財の産出量の大きさを決定しているのは次の3つの要因です。第一に労働，第二に資本設備，第三に生産技術です。

財の生産に労働が不可欠であることに異論はないでしょう。一方，他の2つに関しては若干の説明が必要です。

財の生産において資本設備とともに原材料が欠かせないことは言うまでもありません。しかし，近代社会における工業生産の最大の特徴は機械による大規模生産であり，機械設備の重要性は量的にも質的にも他の物的投入に比べるべくもありません。そこで，ここでは資本設備が生産活動への物的投入を代表していると考えました。

生産技術についても説明を補足しておきます。

　たとえば，火力発電や水力発電，原子力発電など種々の方法で電力が生み出されるように，1 つの財を生産するのにも，いくつもの方法が考えられます。この生産方法の 1 つひとつを生産技術といいます。

　仮に同一量の労働と物的投入を用いても，生産方法が異なれば同一量の産出が得られるとは限りません。それゆえ，労働や資本設備と並んで生産技術も財の生産量を左右します。

　それでは，1 つの財を生産するのにいくつかの方法があるとき，複数の生産技術はどのようにして区別されるのでしょうか。

　理論経済学では普通，関連する生産要素の一組が 1 つの生産技術を表し，種々の生産技術は，生産要素の異なる組合せによって区別されます。特に，生産要素が労働と資本設備の 2 つであるとき，労働と資本設備の 1 つの組合せは 1 つの生産技術を表します。

　個々の生産活動において，所与の生産技術の下で資本設備と労働を投入すれば一定量の産出が得られるでしょう。社会全体の生産についても，この対応関係は変わりません。**図 5 -12**に示すように，所与の生産技術の下で資本設備 K 単位と労働 L 単位が投入されれば社会全体の純生産物 Y 単位が得られます。

　資本設備 K 単位と労働 L 単位の組合せに対して純生産物 Y 単位がただ 1 つ決まりますから，純生産物 Y は資本設備 K と労働 L の関数です。

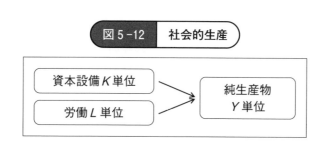

図 5 -12　社会的生産

$$Y = F(K, L)$$

この関数を生産関数といいます。

5.3.2 技術代替と技術進歩

経済成長の理論的実証的研究では生産技術や生産係数が重要な役割を果たします。生産技術については、これまでも何度か折に触れて言及してきましたが、この機会に専門用語や重要事項を整理しておきましょう。

社会的生産を表す生産関数の1つに新古典派生産関数があります。新古典派生産関数はいくつかの特徴を備えていますが、ここでは2つの性質に注意しましょう。

第一に、資本設備 K と労働 L がともに c 倍になれば、純生産物 Y は c 倍になります。すなわち生産関数

$$Y = F(K, L) \tag{5.1}$$

に関して

$$F(cK, cL) = cF(K, L)$$

が成り立ちます。この性質を規模に関する収穫一定（constant return to scale）といいます。典型的な工業生産では規模に関する収穫一定が働くと考えられています。たとえば、現在、100人の労働者で操業する工場に隣接して新たに同一規模の工場が建設され、新しい工場で100人の労働者が生産に従事すれば、企業全体の生産量は現在の2倍になるでしょう。

第二に労働の限界生産力と資本の限界生産力はともに逓減します。資本設備 K を一定に保ったままで労働 L をわずかに引き上げれば、純生産物 Y は増加するでしょう。このときの純生産物の増加分を労働の限界生産

力と呼びます。労働投入が増加すれば，労働の限界生産力は徐々に低下していきます。**図 5 -13**には資本設備 K を一定としたときの労働 L と純生産物 Y の関係を示しました。同様に資本の限界生産力は，労働 L を一定に保ったままで資本 K をわずかに追加したときの純生産物 Y の増加分です。資本が増加すれば，やはり資本の限界生産力は低下します。

　純生産物 1 単位あたりの労働量 L/Y を労働係数，また純生産物 1 単位あたりの資本量 K/Y を資本係数と呼びました。労働係数 a と資本係数 b の間にはどのような関係が成立するのでしょうか。

　規模に関する収穫一定に注意すれば，新古典派生産関数から労働係数 a と資本係数 b の関係

$$F(b,\ a)\ =\ 1 \tag{5.2}$$

を導くことができます。**図 5 -14**は，この関係を図示しました。曲線 P 上の各点は，（5.2）を満たす労働係数 a と資本係数 b の組を表します。なお，労働 a 単位と資本 b 単位を投入すれば，純生産物 1 単位が産出されますから，曲線 P は，純生産物 1 単位を産出する等量曲線と見なすことができます。

　労働の限界生産力と資本の限界生産力はともに正ですから，曲線 P は右下がりです。加えて新古典派生産関数の第二の性質から曲線 P は下に凸であることもわかっています。

　曲線 P が右下がりであることに注意しましょう。曲線 P 上で労働係数 a を引き下げようとすれば，資本係数 b を引き上げる以外に，反対に資本係数 b を引き下げようとすれば，労働係数 a を引き上げる以外に方法はありません。曲線 P 上にとどまる限り，労働係数 a と資本係数 b を同時に引き下げることはできません。曲線 P 上の各点は，生産者が現時点で選択できる最も効率的な生産技術を示していると考えられます。曲線 P が

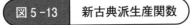

図 5 -13　新古典派生産関数

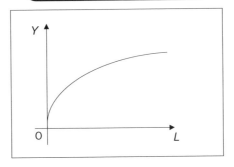

図 5 -14　技術選択

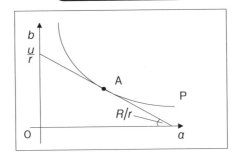

与えられれば，生産者は曲線 P 上で生産技術を選択するでしょう。

　それでは企業は，どのようにして技術選択を行うのでしょうか。実質賃金率が R，実質利子率が r であるとき，純生産物 Y の生産には労働コスト RL と資本コスト rK がかかりますから，純生産物 1 単位に要する単位費用 u は

$$u = rb + Ra$$

と書くことができます。企業は，現時点で知られている種々の生産技術の中から単位費用 u を最小にするような生産技術を選ぶでしょう。

　実際，実質賃金率 R と実質利子率 r が与えられたとき，図5-14に示したように企業は曲線Pと等費用直線

$$b = -\frac{R}{r}a + \frac{u}{r}$$

の接点Aを選択します。傾きが $-R/r$ で，しかも曲線Pと交わる等費用直線は無数に描くことができるでしょう。しかし，その中で切片 u/r が最小になるのは，直線が曲線Pと接するときです。実際，点Aにおいて曲線Pの傾きは直線の傾き $-R/r$ に一致し，企業が点Aに対応する生産技術を選択すれば，単位費用 u は最小になるでしょう。曲線Pは下に凸であり，単位費用を最小にする生産技術は，ただ1つ決まります。

　企業の技術選択は生産の技術的条件だけでなく要素価格の比に依存することがわかりました。それゆえ，選択可能な生産技術の範囲が変わらなくても，要素価格が変化すれば，企業は，以前と異なる生産技術を選択するでしょう。

　実質賃金率 R が上昇する一方，実質利子率 r が低下するとき，企業の技術選択は，どう変わるでしょうか。選択可能な生産技術の範囲が不変である限り，企業が選択する生産技術は**図5-15**において点Aから点Bに移ります。要素価格が変化すれば，点Aに対応する生産技術はもはや最適ではありません。新しい要素価格の下では労働は割高に，資本は割安になりますから，企業は，点Aと比べて労働係数 a が低くて資本係数 b が高い生産技術を選択するでしょう。労働から資本への生産要素の代替が進みます。

　要素価格の変化によって誘発される技術変化を技術代替（technical

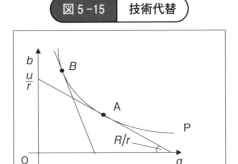

図 5 -15 技術代替

substitution）といいます。技術代替では選択可能な生産技術の範囲は変わりません。企業は，要素価格の変化に対応して，同一の選択範囲の中から，どの生産技術を採用するかを決めます。実質賃金率 R が上昇し，実質利子率 r が低下するとき，すでに述べたように，最適な生産技術は図 5 -15 において点 A から点 B に移りますが，要素価格が以前の水準にもどれば，企業は再び点 A を選択するでしょう。

利用可能な生産技術の範囲が変わらなければ，同一の実質賃金率 R と実質利子率 r に対して企業が選択する生産技術は変わりません。それでは，新技術が開発されて，利用可能な生産技術の範囲が広がったとき，企業の技術選択は，どう変わるでしょうか。

いま，説明を簡単にするために，画期的な技術革新により，現時点で知られているすべての生産が，従来の半分の労働と半分の資本で実行可能になったとしましょう。新しい生産技術の下での労働係数 a' と資本係数 b' はそれぞれ，従来の労働係数 a と資本係数 b の半分になります。

$$a' = \frac{1}{2}a, \quad b' = \frac{1}{2}b$$

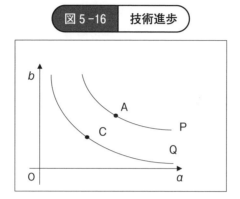

図 5 -16 技術進歩

再び（5.2）に注意すれば，新しい労働係数 a' と資本係数 b' は関係

$$F(2b', \ 2a') = 1 \tag{5.3}$$

を満たすことがわかります。図 5 -16には曲線 P に加えて，この関係を表す曲線 Q を描きました。曲線 Q 上の各点は，（5.3）を満たす労働係数 a' と資本係数 b' の組 $(a', \ b')$ を表す曲線を表します。技術革新の結果，純生産物 1 単位に対応する等量曲線は左下方にシフトします。

このとき，実質賃金率 R と実質利子率 r が変わらなければ，企業の生産技術は，曲線 P 上の点 A から曲線 Q 上の点 C に移り，その結果，労働係数も資本係数も低下することがわかります。同一の要素価格の下で，労働係数か資本係数の低下あるいは，その両方を引き起こす技術変化を技術進歩（technical progress）といいます。

5.3.3　経済成長の要因

　経済成長が国民所得の増加である以上，国民所得の水準を引き上げる要

因こそ経済成長の要因にほかなりません。もっとも，ここでの主要な関心が経済変動の傾向（トレンド）の分析にあることを忘れてはなりません。循環を生み出すような短期の変動は，この節の分析対象ではありませんでした。

第一に，国民所得の水準は労働量に依存し，労働量の増加は国民所得の水準を引き上げるでしょう。

ところで，労働量の増加は労働時間で測るにせよ雇用者数で測るにせよ，結局のところ人口成長によって制約されます。

もちろん，全人口が就業を希望するとは限りませんし，また，就職希望者がすべて雇用されるとも限りません。しかし，労働力人口比率や失業率に大きな変動がなければ，労働量は，ほぼ人口に比例すると考えて間違いありません。したがって，第一の成長要因は人口成長です。

国民所得の水準は資本設備の量にも依存し，資本設備が増加すれば国民所得も増大するでしょう。第二の成長要因は資本設備の増加，別な言い方をすれば資本成長です。

第三の成長要因は生産技術に関わります。すでに述べたように，より効率的な生産技術が導入されれば，たとえ労働量と資本設備の量が不変でも，より高い生産水準が達成できるでしょう。

労働量1単位あたりの純生産物の量および資本設備1単位あたりの純生産物の量をそれぞれ労働生産性，資本生産性といいます。技術進歩が生じれば，労働量と資本設備の量が不変のままで労働生産性または資本生産性が高まり，社会全体の純生産物が増加します。人口成長と資本成長に加えて技術進歩も経済成長の要因です。

なお，資本設備と労働の間で代替が起こり，たとえば，以前と比べてより多くの資本設備が用いられる代わりに労働が節約され，労働生産性が向上することは，すでに述べました。しかし，厳密には，このような技術変

化は技術進歩とは呼びません。

　生産要素の代替は生産要素価格の動向に左右されると考えられます。も
し生産要素価格の変動により再度，資本設備と労働の代替が起こり，旧来
の生産技術が復活すれば，労働生産性も以前の水準にもどってしまうで
しょう。

　それゆえ，厳密な意味では，同一量の労働と資本設備に対して以前より
多くの純生産物が得られるような技術変化だけが技術進歩です。

5.3.4　成長会計

　日本の高度成長期を見れば人口は年率 1 ％前後で成長を続ける一方，設
備投資も高い水準にあり，しかも技術革新と無関係ではありませんでした。
実際の経済成長過程では人口成長，資本設備の増加および技術進歩がいず
れも経済成長に貢献することは間違いないのですが，それでは，人口成長，
資本設備の増加および技術進歩はそれぞれ，どの程度，経済成長に貢献し
たのでしょうか。

　以下で紹介する成長会計（growth accounting）は 3 つの成長要因がどの
程度，経済成長に貢献したのかを統計的に検証した実証研究です。

　この研究は1950年代半ばに始まり，今日まで続きます。豊富な研究成果
を持つ成長会計の貢献を端的に示すために，ここでは，その最初の研究を
紹介しましょう。

　アブラモヴィツ（M. Abramovitz）はアメリカ経済の 2 つの期間を取り
上げ，各々の期間の経済指標を調べました[2]。アブラモヴィツが取り上げ
た 2 つの期間は1869年から1878年までの期間と1944年から1953年までの期
間です。

　その上で，彼は第一の期間の各指標の数値を100とし，次に第二の期間
の各指標の数値を計算し直しました。**表 5 - 2** の第 1 列は第一の期間の値

| 表5-2 | アメリカにおける経済成長の諸指標 | | |

	1869—78	1944—53	倍率
(1) 実質国民純生産	100	1325	13.25
(2) 人口	100	334	3.34
(3) 雇用	100	427	4.27
(4) 平均週労働時間	100	73	0.73
(5) のべ労働時間 [(3)×(4)]	100	312	3.12
(6) 資本	100	993	9.93
(7) 投入係数 [(5)×3/4+(6)×1/4]	100	381	3.81
(8) 投入1単位あたり生産 [(1)÷(7)]	100	348	3.48

出所：Abramovitz [1956], p. 8.

を，第2列は第二の期間の値を示します。各経済指標は2つの期間の間で何倍になったでしょうか。

実質国民純生産は13.25倍になりました。一方，この間，人口は3.34倍に，資本は9.93倍に増え，生産要素が増加していることも間違いありません。

もっとも，厳密には，すでに触れたように人口の増加は必ずしも労働投入の増加を意味しません。そこで労働投入に注目しましょう。労働投入は雇用量で見れば4.27倍に，労働時間数で見れば3.12倍になりますが，いずれにしても実質国民純生産の伸びには届きません。

19世紀半ばから20世紀半ばにかけてのアメリカ経済の成長過程で，労働投入は着実に増加していますが，それでも，その増加率は実質国民純生産の増加率より低いのです。

資本設備についても事情はほぼ同様です。資本設備の増加率は実質国民

　労働生産性は労働 1 単位によって生産される財の量を示し，労働の生産効率を示します。労働 L を投入して純生産物 Y が生産されるとき，経済全体の労働生産性は Y/L になります。労働生産性は労働係数 a の逆数です。

　第 3 章で触れた 1 財モデルを想定しましょう。総生産物 1 単位を生産するのに同種の財が α 単位，労働が τ 単位，必要であると仮定すれば，総生産物 X の生産には財 αX と労働 τX の投入が必要になるでしょう。このとき，純生産物 Y は

$$Y = (1-\alpha)X$$

と表されますから，労働生産性は

$$\frac{Y}{L} = \frac{1-\alpha}{\tau}$$

と書くことができます。直接に労働投入が節約されるだけでなく，物的投入が節約されることによっても労働生産性が向上することに注意しましょう。

純生産の増加率を下回ります。

　結局，この数十年間の実質国民純生産の増加は労働投入の増加によっても資本設備の増加によっても説明できません。それでは労働と資本設備をうまく組み合わせれば，より高い経済成長を実現できるでしょうか。実は，どのように労働と資本設備を組み合わせたとしても，その組み合わせによって達成できる経済成長率は労働あるいは資本設備単独での増加率を上

回ることはできません。

　人口成長も資本成長も経済成長に貢献していることは明らかですが，その２つの成長要因だけでは100年近くに及ぶアメリカ経済の成長を説明できないのです。この事実から何が導けるでしょうか。

　２つの成長要因では十分でないとすれば，残るは第三の成長要因しかありません。現実の経済成長の相当部分は技術進歩によってもたらされます。成長会計は，人口成長や資本設備の増加に加えて労働生産性や資本生産性の上昇も実質国民純生産を高め，経済成長における技術進歩の役割が決して小さくないことを明らかにしたのです。

　アブラモヴィツ以後の研究は，彼よりも洗練された方法で技術進歩の貢献を計測しました。にもかかわらず，彼が示した結論は基本的に揺るぎません。

5.3.5　「定型化された事実」

　成長会計と並んで，長期統計を利用して経済成長の特徴を探ろうとした実証研究に1950年代からのカルドア（N. Kaldor）の研究があります[3]。カルドアは統計データに基づいて労働生産性や資本労働比率などマクロ経済変数の長期動向を調べ，その結果を経済成長に関する「定型化された事実」（stylized fact）として整理しました。

　カルドアが明らかにした「定型化された事実」は次の６点です。国民所得を Y，資本を K，労働を L としましょう。

　(1)　労働生産性 Y/L は着実に上昇します。

　(2)　資本労働比率 K/L も上昇を続けます。

　資本 K に対する利潤 P の割合を利潤率 r といいました。

$$r = \frac{P}{K}$$

(3)　利潤率 r は一定です。

(4)　資本産出量比率 K/Y も一定です。

なお資本産出量比率 K/Y は資本生産性 Y/K の逆数です。もっとも，(4)については近年の研究で多少の異論もありますが，資本産出量比率 K/Y が労働産出量比率 L/Y に比べてはるかに安定していることは間違いありません。

国民所得 Y に占める賃金所得 W の割合と資本所得 P の割合をそれぞれ労働分配率 W/Y と資本分配率 P/Y といいました。

(5)　労働分配率 W/Y も資本分配率 P/Y も一定です。

(6)　労働生産性 Y/L の上昇率は先進国の間で異なります。

これらの「定型化された事実」は互いに無関係ではありません。(3)より利潤率 r が一定であり，(4)より資本産出量比率 K/Y が一定であれば，(5)で示したように資本分配率 P/Y は一定になります。また，(1)より労働生産性 Y/L が上昇し，(4)より資本産出量比率 K/Y が一定であれば，(2)に示したように資本労働比率 K/L が上昇するでしょう。

実質賃金率を R とすれば，賃金所得 W は

$$W = RL$$

と書くことができました。(1)より労働生産性 Y/L が上昇しますが，一方，(5)より労働分配率 W/Y は一定でした。このことから長期経済成長の過程で実質賃金率 R が上昇することがわかります。

カルドアは経済成長の基本的特徴を「定型化された事実」として提示しました。しかし，カルドアの意図は単に事実を確認することにあったのではありません。

さらに進んで，カルドアは「定型化された事実」を整合的に説明することを経済成長論の研究者に要請し，自分自身でも「定型化された事実」を

　導く数理モデルの構成を試みました。また，カルドアの問題提起は，1960年代初めの時点でなお形成の途上にあった新古典派経済成長モデルの改良を促すことにもなりました。なお，フランスの経済学者ピケティ（T. Piketty）は2010年代に，所得分配に関する実証研究を『21世紀の資本』にまとめました。『21世紀の資本』でピケティは，カルドアよりはるかに長期間にわたり，しかも広範囲に利潤率や資本分配率の動向を報告しています。今後，ピケティの研究成果に基づいて「定型化された事実」の見直しが進むことは十分に考えられますが，現時点で，まだ新しい「定型化された事実」は提示されていません。

　ともあれ，「定型化された事実」の提示は経済成長論の理論的課題を明示しただけでなく，ありふれているとはいえ大量の事実に基づく理論研究，言い換えれば統計的事実に依拠した理論研究の方法を提起した点でも評価されてよいでしょう。

5.4　経済成長の理論

　前節では人口成長や資本設備の増加，技術進歩がそれぞれ国民所得の水準を引き上げ，経済成長に貢献してきたことを確認しました。それでは，これら3つの要因はどのように関連し合い，どのようなメカニズムによって経済成長を推し進めたのでしょうか。

　経済成長の理論は，とりわけ経済成長のメカニズムの解明に精力的に取り組んできました。

5.4.1　古典派経済学の貢献

　古典派経済学の創始者スミス（A. Smith）は主著『諸国民の富』の中で，いかにして国富の増進を図るかを論じており，経済成長に高い関心を持っ

ていたと考えられます。とはいえ，経済成長理論の研究に本格的に取り組んだのは，スミスの継承者であるリカード（D. Ricardo）です。リカードは主著『経済学および課税の原理』で資本蓄積の長期的傾向を論じ，現代的に言えば，古典派経済学の経済成長理論を展開しました。

　古典派経済学は，発達した経済が労働者・資本家・地主の３つの社会階級から構成されると考えます。労働者が生産活動に労働を，資本家が資本を，地主が土地を投入し，年々の純生産物は労働者の賃金，資本家の利潤および地主の地代に分割されます。このとき，純生産物は，異なる社会階級の間に，どのような比率で分配されるでしょうか。また，純生産物の分配比率は資本蓄積とともに，どう変化するでしょうか。リカードは所得分配とその長期的傾向に注意を払いました。

　自然的諸条件によって耕作地ごとに肥沃度が異なるとき，農耕は肥沃度が高い土地から低い土地に向かって進むにちがいありません。したがって，耕作が進み，耕地面積が拡大していくとき，最後に耕作された限界的な土地から得られる農産物の１人あたり収穫量 y は耕地面積 T の拡大とともに逓減すると考えられます。

　単純化のために耕地面積 T は人口 L に比例すると仮定しましょう。限界的な土地からの１人あたり収穫量 y は人口 L の減少関数になります。**図 5-17**には縦軸に１人あたり収穫量 y を，横軸に人口 L をとり，この関係を図示しました。

　人口が L_0 であるとき，最劣等地では農産物 y_0 が収穫されます。最劣等地を除くすべての土地では地代が発生しますが，最劣等地では，以下に述べる理由から地代は発生しません。最劣等地の収穫量は賃金と利潤だけに分割されます。いま，人口にかかわらず，農産物で測った１人あたり実質賃金 R は一定であるとしましょう。資本家は，最劣等地における農業生産から１人あたり実質利潤 $y_0 - R$ を得ることができます。

194

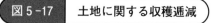

図 5 -17　土地に関する収穫逓減

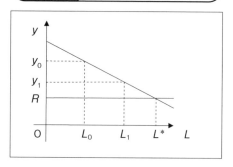

　どの土地にも自由に資本投下を行うことができれば，資本家間の競争の
結果，すべての土地は等しい利潤をもたらすにちがいありません。社会全
体では実質利潤 $(y_0 - R)L_0$ が得られます。なお，仮に最劣等地で地代が
発生したとすれば，最劣等地における利潤が低下し，資本家は最劣等地で
の農業生産から資本を引き上げてしまうでしょう。

　社会全体では労働者が実質賃金 RL_0 を，資本家が実質利潤 $(y_0 - R)L_0$
を得た上で，残りの農産物は地主に帰属します。1人あたり収穫量を最初
の耕作者から最後の耕作者まで合計すれば，社会全体の農産物 Y_0 が得ら
れるでしょう。社会全体の農産物 Y_0 は実質賃金 RL_0，実質利潤 $(y_0 - R)L_0$
および地代 $Y_0 - y_0L_0$ に分割されます。

　社会階級間の所得分配は，その後，どう変化していくでしょうか。人口
が増え，農産物への需要が高まれば，肥沃度が低く，以前には耕作されな
かった土地も農業生産に引き入れられるでしょう。たとえば人口が L_0 か
ら L_1 に増加すれば，限界的な土地から得られる収穫量は y_0 から y_1 に低下
します。このとき，1人あたり実質賃金 R が変わらなければ，1人あた
り実質利潤は $y_1 - R$ に低下するでしょう。

　人口がさらに増加し，人口規模がL^*に達すれば，1人あたり実質利潤は完全に消滅し，人口成長は停止します。とはいえ，それまでは人口成長とともに1人あたり実質利潤の低下が続くでしょう。リカードは，土地に関する収穫逓減が働くとき，利潤率の低下が続き，経済は資本蓄積が停止する状態に向かうと主張しました。

　リカードは所得分配の長期的傾向すなわち賃金・利潤・地代の長期動向を論じたのですが，この研究は現代的に言えば古典派経済学の経済成長理論にほかなりません。

　リカードの成長理論は今日の代表的成長理論と比べても決して遜色なく，リカードの業績を引き継げば，経済成長の理論研究は，その後，順調に進展したかもしれません。ところが，奇妙なことに，経済成長への関心は19世紀半ばを過ぎて経済学者の間で急速に冷めてしまいます。

　再び経済学者の関心が経済成長に向かうのは20世紀に入ってからです。ハロッドは1930年代，ケインズ理論の長期化を意図して動学理論を提示しますが，ハロッドの研究は経済学者の間に再び経済成長への関心を呼び起こしました。1950年代に入ると，成長理論が盛んに研究されるようになります。

　以下で詳しく説明する新古典派経済成長論も1950年代，ハロッドの理論を批判する形で登場しました。

5.4.2　新古典派経済成長論

　今日，注目に値する若干の経済成長理論の中でも，最も有力な理論は新古典派経済成長論でしょう。

　新古典派経済成長論は1950年代半ば，アメリカの経済学者ソロー（R.M. Solow）の先駆的業績[4]に始まり，1960年代を通じて，アメリカやイギリス，日本をはじめ各国の研究者によって拡充されました。

　まずはソローの業績に基づいて新古典派経済成長論の基本的な考え方を概観しましょう。

　経済成長の理論もまた景気循環の理論と同様，今日では数理モデルによって定式化されるのが普通です。もっとも，数理モデルでは，理論を厳密な形で提示できる反面，数学的な展開を理解するのにかなりの予備知識が求められます。第4章でも述べましたが，本書は経済変動論の初等的な教科書であり，数学的予備知識を求めるのは読者にとって負担が重過ぎるでしょう。

　この章でも新古典派経済成長モデルの数学的な展開には深入りせず，基本的な考え方だけを示します。

　新古典派経済成長論の基本モデルでは技術進歩は考慮されません。経済成長の要因は人口成長と資本設備の増加だけです。

　一定の生産技術の下で資本設備 K 単位と労働 L 単位が与えられれば社会全体の純生産物 Y 単位が得られることはすでに述べました。前節で導入した新古典派生産関数，

$$Y = F(K, \ L) \tag{5.4}$$

を再度，示しておきます。

　人口成長率 n は所与と仮定されます。

　議論を単純にするために労働投入を人口に等しいとすれば，労働 L も一定の変化率 n で成長を続けます。このとき，t 期の労働 L_t は次の期，その $n+1$ 倍になり，$t+1$ 期の労働 L_{t+1} は，

$$L_{t+1} = (n + 1)L_t \tag{5.5}$$

と表せます。

　一方，資本設備 K はどう変化するでしょうか。

　社会全体で常に投資と貯蓄が等しいとすれば，資本設備の増大は直接，社会全体の貯蓄 S に依存します。

　設備投資が行われ，新しい生産設備が旧来の資本設備に加われば，資本設備が増加するでしょう。この新しい生産設備は，どこから来るのでしょうか。もちろん，それは，1年間に生産された財，より正確には1年間に生産された純生産物の中に見出される以外にありません。1年間に生産された純生産物の一部は消費されます。したがって，1年間の純生産物のうち消費されなかった部分，すなわち貯蓄が新しい生産設備の源泉になります。

　確かに，現実には人々が消費する財と工場などに設置される生産設備は同じ種類の財ではありません。しかし，新古典派経済成長論の基本モデルは厳密には1財モデルです。1財モデルでは社会全体でただ1種類の財が生産され，その財は消費財であると同時に生産財でした。

　1財モデルでは資本設備の増加すなわち投資の源泉が貯蓄であることが端的に示されます。いま，毎期，いつでも純生産物 Y の一定割合 s が貯蓄されると考えましょう。

$$S = sY \qquad (5.6)$$

　この貯蓄 S がそのまま投資に向かえば，資本設備 K が増大します。したがって，t 期の資本設備を K_t，$t+1$ 期の資本設備を K_{t+1} とすれば，次の式が成り立ちます。

$$K_{t+1} = K_t + sY_t$$

ただし，Y_t は t 期の国民所得です。(5.4) に示された関係が毎期，成立していることを忘れなければ，この式はさらに，

$$K_{t+1} = K_t + sF(K_t, L_t) \qquad (5.7)$$

と書き換えることができます。

　結局，(5.5) と (5.7) より資本設備K_tと労働L_tの成長経路が定まり，最も簡単な新古典派経済成長モデルは，この2つの式から構成されます。

　改めて，この2つの式の意味を確認しておきましょう。(5.5) ではt期の労働L_tに対して$t+1$期の労働L_{t+1}が決まりました。同様に (5.7) ではt期の労働L_tと資本設備K_tに対して$t+1$期の資本設備K_{t+1}が決定されます。

　もちろん，同じ操作は$t+1$期にも適用され，$t+2$期の労働L_{t+2}と資本設備K_{t+2}も確定します。こうして$t+1$期以降の労働と資本設備が次々に決まり，労働と資本設備の成長経路が導かれるでしょう。

　労働が一定の変化率で成長を続ける一方で，純生産物の一定割合が絶えず貯蓄され，資本設備の蓄積が進行します。

　表5-3には新古典派経済成長モデルの1つの数値例を提示しました。この数値例では人口成長率nを1%，貯蓄率sを10%に設定しました。

　それでは第0期の人口が1億人，資本設備が405兆円であったとき，経済は以後，どのように成長していくでしょうか。

　最初に人口成長に注目しましょう。第0期の人口1億人は百万人を1単位とすれば100単位になります。すなわち第0期の労働L_0は100です。

　このとき，(5.5) においてtを0と置きましょう。すると，第1期の労働L_1は第0期の労働L_0の$n+1$倍になります。ここで人口成長率nは0.01でしたから，第1期の労働L_1は，

$$L_1 = (0.01 + 1) \times 100 = 101$$

となります。

| 表5-3 | 新古典派経済成長モデル：数値例 |

期	今期の労働	次期の労働	今 期 の 資本設備	今 期 の 国民所得	今期の貯蓄	次 期 の 資本設備
0	100.0	101.0	405.0	45.0	4.5	409.5
1	101.0	102.0	409.5	45.5	4.6	414.1
2	102.0	103.0	414.1	46.0	4.6	418.7
3	103.0	104.0	418.7	46.4	4.6	423.3
4	104.0	105.0	423.3	46.9	4.7	428.0
5	105.0	106.1	428.0	47.4	4.7	432.7
6	106.1	107.2	432.7	47.9	4.8	437.5
7	107.2	108.3	437.5	48.4	4.8	442.3
8	108.3	109.4	442.3	48.9	4.9	447.2
9	109.4	110.5	447.2	49.5	5.0	452.2
10	110.5	111.6	452.2	50.0	5.0	457.2
11	111.6	112.7	457.2	50.5	5.1	462.3
12	112.7	113.8	462.3	51.0	5.1	467.4
13	113.8	114.9	467.4	51.6	5.2	472.6
14	114.9	116.0	472.6	52.1	5.2	477.8
15	116.0	117.2	477.8	52.6	5.3	483.1

注：人口成長率＝0.01，貯蓄率＝0.1。

　次に資本蓄積に移りましょう。資本設備の成長経路は（5.7）によって決まりますが，右辺の生産関数が一般的な形のままであれば，数値計算を行うことはできません。そこで（5.7）の生産関数を，

$$Y_t = \frac{1}{10} \times \sqrt{5K_tL_t}$$

と特定しましょう。

第0期の資本設備は405兆円であり，1兆円を1単位とすれば405単位になります。第0期の資本設備K_0は405です。

(5.7) において t を0と置くと，第0期の資本設備K_0と労働L_0から第1期の資本設備K_1の値を求めることができます。貯蓄率 s は0.1でしたから，

$$K_1 = 405 + 0.1 \times \frac{1}{10} \times \sqrt{5 \times 405 \times 100} = 409.5$$

です。もちろん，国民所得や貯蓄の大きさを求めることも難しくありません。第0期の国民所得 Y_0 は45，貯蓄 S_0 は4.5です。

$$Y_0 = \frac{1}{10} \times \sqrt{5 \times 405 \times 100} = 45$$

$$S_0 = 0.1 \times 45 = 4.5$$

以上で，表5-3の第0期の行の数値が，すべて確定しました。

続いて，第1期の労働L_1と資本設備K_1の値から同様の手順で第1期の行の各数値を求めることができます。今度は (5.5) において t を1としましょう。第2期の労働L_2は再び (5.5) を用いて，

$$L_2 = (0.01 + 1) \times 101 = 102.01$$

です。

同様に (5.7) において t を1とします。第2期の資本設備K_2は (5.7) を利用して，

$$K_2 = 409.5 + 0.1 \times \frac{1}{10} \times \sqrt{5 \times 409.5 \times 101} = 414.1$$

となります。ただし，小数第 2 位を四捨五入しました。また，表 5 - 3 で
はいずれの計算値も小数第 2 位を四捨五入しています。

　まったく同様の手順で第 2 期以降，各行の数値を計算できることは言う
までもありません。表 5 - 3 では第15期の行まで計算結果を載せています。

　この数値例における人口と資本設備の成長をグラフにすると，**図 5 -18**
のようになります。人口は 1 億人から，国民所得は45兆円から毎年，増大
を続けます。

　それでは労働と資本設備の成長経路はどのような性質を持つのでしょう
か。資本設備 K と労働 L の比率を資本労働比率といいました。いま，経
済成長過程の初期において，労働に比べて資本設備が乏しく資本労働比率
k が低いと想定しましょう。

　すでに述べたように人口は一定の伸び率 n で成長し，資本設備も毎期
の設備投資の結果，増加を続けます。しかしながら，貯蓄率 s が十分に高
いとき，資本設備の増加は人口成長を上回る速度で進みます。すなわち，

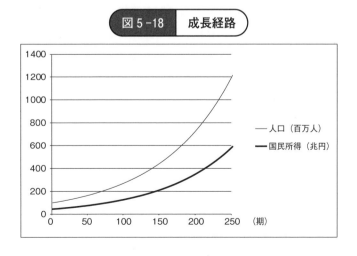

図 5 -18　成長経路

—人口（百万人）

—国民所得（兆円）

column 4. 2部門モデル

　1財モデルあるいは1部門モデルでは社会全体でただ1種類の財が生産され，人々の消費対象になると同時に新しい生産設備になりました。現実の経済では多数の生産部門が多様な財を生産していますから，1部門モデルが現実的でないことは言うまでもありません。1部門モデルを少しでも現実に近づけるにはどうすればよいでしょうか。まずは1部門モデルは，より現実的な2部門モデルに拡張されました。

　2部門モデルは，生産財あるいは投資財を生産する投資財部門と消費財を生産する消費財部門から構成されます。投資財はもっぱら生産活動に利用され，消費財はもっぱら人々の日常生活で消費されます。機械設備は代表的な投資財であり，食料品は人々の消費対象になる限りで代表的な消費財です。

　さて投資財部門で働く労働者は食料品を必要とし，消費財部門の企業も新規に機械設備を必要とするでしょう。投資財部門の労働者と消費財部門の企業は，どのようにして必要な財を調達しているのでしょうか。

　2つの生産部門の間で消費財と投資財が交換されれば，投資財部門の労働者は必要な消費財を，消費財部門の企業は必要な投資財を確保できるでしょう。マルクス（K. Marx）は再生産表式（reproduction schema）を提示し，2つの生産部門間の財の交換を本格的に分析しました。

資本労働比率 k が上昇します。

　この過程では産出量1単位あたりの資本量が高まる一方で産出量1単位あたりの労働量が低下し，労働から資本への代替が起こります。資本労働比率の上昇は労働から資本への代替を意味します。

5.4.3 均斉成長経路

新古典派経済成長モデルにおいて労働L_tと資本設備K_tはそれぞれ，差分方程式

$$L_{t+1} = (n+1)L_t \tag{5.8}$$

$$K_{t+1} = K_t + sF(K_t, L_t) \tag{5.9}$$

に従って拡大を続けます。それでは，このまま経済成長が続くとき，経済は，どのような状態に向かうのでしょうか。

表5-4には，前項の数値例における人口L，資本設備Kの変動を再掲するとともに資本労働比率kの変化を示しました。資本労働比率の変動に着目しましょう。

(5.9)の両辺を人口L_tで割り，新古典派生産関数が収穫一定であることに注意すれば，

$$\frac{K_{t+1}}{L_t} = \frac{K_t}{L_t} + sF\left[\frac{K_t}{L_t}, 1\right]$$

が得られます。さらに，(5.8)を使えば，この式は

$$k_{t+1} = \frac{1}{n+1}(k_t + sF(k_t, 1))$$

と書くことができます。表記を簡単にするために新しい関数$f(k)$を

$$f(k) = F(k, 1)$$

と置きましょう。結局，労働L_tと資本設備K_tに関する動学方程式は資本労働比率k_tに関する動学方程式

表5-4	資本労働比率：数値例

期	今期の労働	今期の資本設備	今期の国民所得	今期の資本労働比率
0	100.0	405.0	45.0	4.050
1	101.0	409.5	45.5	4.054
2	102.0	414.1	46.0	4.060
3	103.0	418.7	46.4	4.065
4	104.0	423.3	46.9	4.070
5	105.0	428.0	47.4	4.076
6	106.1	432.7	47.9	4.078
7	107.2	437.5	48.4	4.081
8	108.3	442.3	48.9	4.084
9	109.4	447.2	49.5	4.088
10	110.5	452.2	50.0	4.092
11	111.6	457.2	50.5	4.097
12	112.7	462.3	51.0	4.102
13	113.8	467.4	51.6	4.107
14	114.9	472.6	52.1	4.113
15	116.0	477.8	52.6	4.119

注：人口成長率＝0.01，貯蓄率＝0.1。

$$k_{t+1} = \frac{1}{n+1}(k_t + sf(k_t)) \tag{5.10}$$

に集約されました。

　t期の資本労働比率k_tが与えられれば，この式に従って$t+1$期の資本

労働比率 k_{t+1} が決まります。同様にして，$t+1$ 期の資本労働比率 k_{t+1} から $t+2$ 期の資本労働比率 k_{t+2} が決まり，将来にわたる資本労働比率 k_t の流列が定まるでしょう。動学方程式（5.10）を新古典派経済成長モデルの基本方程式，正確には離散型の基本方程式といいます。

　新古典派経済成長モデルにおいて定常状態（steady state）とは，資本設備と労働が同一の率で増大する状況と定義されます。資本設備と労働が同一の率で拡大を続けますから，定常状態における資本労働比率は一定です。この一定値を k^* と書きましょう。

$$k_t = k_{t+1} = k^*$$

すると，（5.10）より定常状態における資本労働比率 k^* は

$$sf(k^*) = nk^* \tag{5.11}$$

を満たすことがわかります。実は（5.11）を満たす資本労働比率 k^* が存在する保証はありませんが，以下，そのような資本労働比率 k^* が存在すると仮定しましょう。

　横軸に資本労働比率 k_t，縦軸に 1 人あたり貯蓄 z_t をとり，**図 5-19**に関数

$$z_t = sf(k_t)$$

のグラフ P と直線 L，

$$z_t = nk_t$$

のグラフを描きました。曲線 P と直線 L の交点 A では（5.11）が成立します。

　初期時点で偶然にも資本労働比率 k が定常状態での資本労働比率 k^* に

図 5-19　定常状態

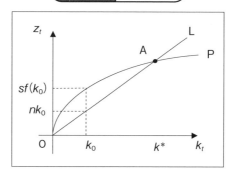

等しければ，以後，資本労働比率が，この値から離れることはありません。
しかし，そうでなければ，資本労働比率は時間とともに変化します。

　いま，初期時点での資本労働比率k_0が定常状態での資本労働比率k^*より低かったとしましょう。資本労働比率は以後，どう変化するでしょうか。

　初期時点における1人あたり貯蓄は$sf(k_0)$です。一方，次期には人口が伸び率nで増加しますが，資本労働比率k_0を維持するためには1人あたりでnk_0の投資が必要になります。図5-19からわかるように貯蓄$sf(k_0)$は投資nk_0を上回り，その結果，次期には資本労働比率を多少とも引き上げることができるでしょう。実際，動学方程式（5.10）より

$$k_2 - k_0 = \frac{sf(k_0) - nk_0}{n+1} > 0$$

であり，資本労働比率はk_0からk_2に上昇します。同様にしてk_1はk_2より高くなり，資本労働比率の上昇は，資本労働比率が定常値k^*に到達するまで続きます。

　逆に，初期時点での資本労働比率k_0が資本労働比率の定常値k^*より高い

とき，資本労働比率は以後，どう運動するでしょうか。このとき，資本労働比率は徐々に低下し，やはり定常値k^*に向かうことが知られています。結局，初期時点での資本労働比率k_0が定常値k^*より高いにせよ低いにせよ，資本労働比率は定常値k^*に近づき，その意味で資本労働比率k^*は安定（stable）です。実は，資本労働比率k^*が存在する限り，定常状態における資本労働比率k^*は安定であることを数学的に証明することができます。

　経済成長の初期段階では人口に比べて資本設備が少なく，各人には十分な資本設備が供給されないかもしれません。それでも，新古典派経済成長論では，資本設備の拡大は人口成長より速く，1人あたりの資本設備は徐々に上昇します。もっとも，人口成長率nが一定であるのに対し，資本成長率は不変ではありません。1人あたり資本設備が増大する過程で資本成長は減速し，やがて経済は，人口も資本も同率で拡大を続ける定常状態に達するのです。

　新古典派経済成長論の基本モデルの主要な結論は次の2点です。

　第一に労働に対して相対的に資本設備が少ない状況から出発して，経済は労働から資本への代替を進め，次第に均斉成長経路に接近していきます。

　第二に，均斉成長経路に到達すれば，経済は以後，この経路に沿って成長を続けることになります。

5.4.4　新古典派経済成長論の展開

　新古典派経済成長論の基本モデルは，経済成長のメカニズムを簡潔に表現する反面，いくつかの極めて強い仮定の下で構成されていました。当然のことながら，これらの仮定は決して現実的とは言えません。そこで，ソロー以後の新古典派経済成長論の研究は強い仮定を緩め，あるいは現実的要素を付加して基本モデルを拡張する方向に進みました。この機会にソ

ロー以後の新古典派経済成長論の研究を概観しておきましょう。

　第一に基本モデルは技術進歩を考慮していません。しかし，経済成長に関する数々の実証研究が示すように，現実の経済成長過程では技術進歩は無視できない成長要因であり，いかにして基本モデルに技術進歩を取り入れるかが大きな課題になりました。技術進歩については次の節で詳しく説明します。

　第二に基本モデルでは貯蓄率は所与と置かれましたが，現実には貯蓄率は一定ではありません。各人は状況に応じて，所得に占める貯蓄の割合を変えるでしょう。最適成長論では，代表的個人が通時的効用を最大にするよう貯蓄決定を行います。

　第三に新古典派経済成長論の基本モデルは１部門モデルであり，純生産物は，人々が直接消費する消費財であると同時に，生産過程にも投入される生産財あるいは投資財でした。したがって，純生産物のうち消費されなかった部分は，追加費用なしに新たな資本設備になります。しかし，現実の経済では非常に多くの場合，消費財と投資財は別の種類の財であり，消費財を生産過程に投入することも，逆に投資財を消費対象とすることもできません。２部門モデルでは，投資財を生産する投資財部門と消費財を生産する消費財部門が区別されます。新古典派経済成長論の基本モデルは1960年代に宇沢弘文によって２部門モデルに拡張され，その後，多部門モデルに拡張されました。

　第四に基本モデルでは貯蓄は，すべて既存の資本設備の拡大に使われました。しかし，もし人々が貯蓄の一部を貨幣の形で保有していれば，生産能力の拡大に使われる資源は，その分だけ減少し，資本成長は少なくとも一時的に減速するでしょう。トービン（J. Tobin）は基本モデルに貨幣を導入し，貨幣保有が経済成長に及ぼす影響を検討しました。それ以外にも固定的生産設備，外国貿易，国際資本移動が導入されて基本モデルの拡張

が行われました。

5.5　技術進歩

5.5.1　中立的技術進歩

　カルドアが示した経済成長に関する「定型化された事実」によれば，利潤率 r と資本産出量比率 K/Y は長期的に一定です。利潤率 r と資本産出量比率，言い換えれば資本係数 K/Y が一定であれば，資本分配率

$$\frac{rK}{Y}$$

も一定値を保つでしょう。さらに，国民所得 Y が労働所得 RL と資本所得 rK に分割されれば，労働分配率

$$\frac{RL}{Y}$$

も変わりません。長期経済成長の過程で，国民所得が資本所得と労働所得に分割される割合が大きく変動することはないと考えられています。

　要素価格が与えられたとき，企業が単位費用を最小にするよう技術選択を行うことはすでに述べました。新技術が開発され，技術選択の範囲が広がれば，企業は現時点よりも効率的な技術を採用しますが，技術選択に際して企業は，一定の利潤率 r に対して常に資本係数 K/Y が一定になるよう新技術を選択するとしましょう。このような性質を持つ技術進歩をハロッド中立的技術進歩（Harrod-neutral technical progress）といいます。技術進歩がハロッド中立的であるとき，利潤率 r が不変である限り，資本分配率は一定に保たれます。

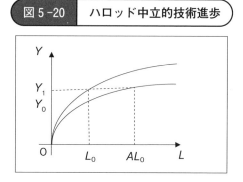

図 5 -20　ハロッド中立的技術進歩

さらに，技術進歩がハロッド中立的であれば，新古典派生産関数は

$$Y = F(K,\ AL)$$

の形で表現されることが知られています。技術革新を考慮するとき，労働は常に同一の効率を持つとは限りません。革新的な技術の下で労働 1 単位は従来の労働 A 単位に相当する働きをします。このことから，AL を効率単位で測定された労働という場合があります。

　労働の効率が高まれば，以前と同量の資本設備 K と労働 L より，さらに多くの純生産物 Y が得られるでしょう。**図 5 -20**に再度，資本設備 K を一定にして新古典派生産関数のグラフを描きました。技術革新により新古典派生産関数のグラフは上方にシフトします。

5.5.2　外生的技術進歩
　新古典派経済成長論の基本モデルは，人口 L_t と資本設備 K_t に関する動学方程式

$$L_{t+1} = (n + 1)L_t \tag{5.12}$$

$$K_{t+1} = K_t + sF(K_t, L_t) \tag{5.13}$$

から構成されました。このモデルは，すでに述べたように，技術進歩の要素を含んでいません。技術進歩を考慮したとき，基本モデルは，どのように修正されるでしょうか。

第一に，人口成長を表す動学方程式（5.12）は基本モデルと同じですが，資本蓄積を示す動学方程式（5.13）には修正が必要です。ハロッド中立的な技術進歩を仮定しましょう。技術進歩がハロッド中立的であるとき，新古典派生産関数は

$$Y_t = F(K_t, A_t L_t)$$

と表されました。この点を考慮すれば，資本蓄積を示す動学方程式は

$$K_{t+1} = K_t + sF(K_t, A_t L_t)$$

と修正されます。

第二に，技術革新が続くとき，労働の効率 A_t は一定ではありません。技術進歩を考慮すれば，労働の効率 A_t の変動を導く動学方程式が必要になります。ここでは労働の効率 A_t が一定の伸び率 α で上昇すると仮定しましょう。すると，労働の効率 A_t の動学方程式

$$A_{t+1} = (\alpha + 1) A_t$$

が得られます。

結局，技術進歩を含む新古典派経済成長モデルは，人口 L_t，資本設備 K_t および労働の効率 A_t の動学方程式

$$L_{t+1} = (n + 1) L \tag{5.14}$$

$$K_{t+1} = K_t + sF(K_t, A_t L_t) \tag{5.15}$$

$$A_{t+1} = (\alpha + 1)A_t \qquad (5.16)$$

から構成されます。なお，労働の効率A_tの伸び率αは技術進歩率と呼ばれますが，このモデルでは技術進歩率αは外生変数です。

基本モデルの分析では人口L_tと資本設備K_tの動学方程式から資本労働比率K_t/L_tに関する基本方程式を導きました。同様にして，人口L_t，資本設備K_tおよび労働の効率A_tの動学方程式を1つの動学方程式に集約しましょう。最初に資本設備K_tの動学方程式（5.15）の両辺を，効率単位で測定した労働A_tL_tで割り，さらに新古典派生産関数が規模に関して収穫一定であることに注意すれば，

$$\frac{K_{t+1}}{A_tL_t} = \frac{K_t}{A_tL_t} + sF\left[\frac{K_t}{A_tL_t},\ 1\right]$$

が得られます。

次に資本設備K_tと効率単位で測定した労働A_tL_tとの比率すなわち効率単位の資本労働比率

$$\frac{K_t}{A_tL_t}$$

をℓ_tと置きましょう。その上で，（5.14）と（5.16）を考慮すれば，ℓ_tに関する動学方程式

$$\ell_{t+1} = \frac{1}{(n+1)(\alpha+1)}(\ell_t + sf(\ell_t)) \qquad (5.17)$$

を導くことができます。ただし，前節の議論に従い，

$$F(\ell_t,\ 1) = f(\ell_t)$$

と置きました。効率単位の資本労働比率ℓ_tに関する動学方程式（5.17）が前節の基本方程式によく似ていることに気づくでしょう。

技術進歩を含む新古典派経済成長モデルにおいて定常状態は，資本設備K_tと効率単位で測定された労働A_tL_tが同一の率で成長を続ける状況と定義されます。定常状態における効率単位の資本労働比率をℓ^*と書きましょう。

$$\ell_{t+1} = \ell_t = \ell^*$$

すると，（5.17）より，効率単位の資本労働比率の定常値ℓ^*は

$$(n + \alpha + n\alpha)\ell^* = sf(\ell^*)$$

を満たすことがわかります。

基本モデルでは定常状態における資本労働比率k^*は安定でした。同様に，技術進歩を含む新古典派経済成長モデルでも定常状態における効率単位の資本労働比率ℓ^*は安定であることが知られています。初期時点でどんな値にあっても，効率単位の資本労働比率は経済成長とともに定常値ℓ^*に向かうでしょう。

効率単位の資本労働比率が定常状態に達すれば，資本設備K_tは以後，効率単位で測定された労働A_tL_tと同率で拡大を続けます。人口L_tが伸び率nで，また労働の効率A_tが伸び率αで上昇しますから，効率単位で測定された労働A_tL_tは正確には伸び率$n + \alpha + n\alpha$で拡大します。もっとも，この式の最後の項$n\alpha$は一般に十分に小さな正の値ですから，効率単位の労働A_tL_tはおおよそ伸び率$n + \alpha$で成長すると考えてかまいません。資本設備K_tと効率単位の労働A_tL_tは伸び率$n + \alpha$で成長し，定常状態での経済成長率yは人口成長率nと技術進歩率αの和に等しくなります。

$$y = n + \alpha$$

さて，新古典派生産関数

$$Y = F(K, \ AL)$$

において資本の限界生産力は効率単位での資本労働比率 K/AL のみに依存することが知られています。したがって，利潤率 r が資本の限界生産力に等しいとき，利潤率 r は効率単位の資本労働比率 K/AL のみに依存します。

　定常状態では，すでに述べたように効率単位の資本労働比率 K/AL は一定であり，その結果，利潤率 r も一定に保たれるでしょう。もし成長過程で利潤率が低下し続ければ，投資家が投資意欲を失い，資本蓄積が停止する日が来ないとも限りません。しかし，新古典派経済成長論によれば，技術進歩がハロッド中立的である限り，そのような日が来ることはないのです。

5.5.3　内生成長論

　戦後日本の事例が端的に示すように現実の経済成長過程では多くの場合，経済規模が全体として拡大するだけでなく国民 1 人ひとりの生活も豊かになります。1 人あたり国民所得の向上は何によってもたらされたのでしょうか。

　新古典派経済成長論の基本モデルに技術進歩を導入すれば，前項で説明したように定常状態での経済成長率 y は，ほぼ人口成長率 n と技術進歩率 α の和に等しくなります。

$$y = n + \alpha$$

その結果，均斉成長経路上で 1 人あたり国民所得 Y/L は，技術進歩率 α とほぼ同率で拡大を続けますが，それでは技術進歩率 α は何によって決定されるのでしょうか[5]。

また，成長会計の研究成果は，現実の経済成長の40％から50％程度が技術進歩に基因することを明らかにしました。しかし，技術進歩率が外生変数である限り，新古典派経済成長論は成長過程における各人の生活水準の向上を説明できないばかりか，結局，現実の経済成長の相当部分を説明できないことになってしまいます。新古典派経済成長論には，なお未解決な問題が残っていました。

1970年代の二度の石油危機を経て経済成長が減速し，先進工業諸国が低成長の時代を迎えたことはすでに述べました。特にアメリカでは経済成長率の低下に加えて，日本をはじめ他の工業諸国の追い上げを受けて外国製品が大量に国内市場に流入しました。そうした中でアメリカ国内では競争力の長期的な低下への不安が高まり，どうすれば高い経済成長率を回復できるかが盛んに議論されるようになります。研究者の関心は1980年代，再び経済成長に向かいます。

1980年代以降の経済成長理論は技術進歩に焦点を当て，技術進歩の源泉を探究しました。1960年代の新古典派経済成長論において基本的に技術進歩は外生的であるのに対し，1980年代の成長理論では技術進歩は内生的です。この点から新しい経済成長理論は内生成長論（endogenous growth theory）と呼ばれます。

もっとも，技術革新の源泉を経済的要因に求める点で異論はないにしても，さらに踏み込んで何が技術革新を生み出し，技術革新がどのような効果を持つかに関しては内生成長論の研究者の間でも見解が分かれます。

新技術の一部は労働者の長年の熟練から生まれます。このとき，労働者自身の中に蓄積された技能（skill）や知識（knowledge）を人的資本

（human capital）と呼べば，新技術は人的資本によって生み出されたと考えることができます。それでは人的資本はどのようにして形成され，どのような性質を持つのでしょうか。

　アロー（K. J. Arrow）は1960年代の初め，労働者の人的資本は経験からの学習（learning by doing）の過程を通じて蓄積されると主張しました。また，レベロ（S. Rebelo）は人的資本は物的資本に比例して増加し，その結果，物的資本の収穫逓減が経済成長に及ぼす負の影響は相殺されると考えました。さらに，ローマー（R. M. Romer）は当初，新しい技能や知識は外部経済（external economy）の所産であると説明しました。いずれにせよ，彼らの理論では人的資本は競争財（rival goods）であり，労働者は直接にあるいは間接に人的資本の果実を得ることができます。

　第一に，人的資本が競争財であれば，競争的な市場を想定して経済成長過程を分析することができ，競争的市場において内生的に決定される経済成長率は最適であることがわかります。

　これに対して，ルーカス（R. E. Lucus）をはじめとする研究者は，新しい知識の果実は部分的に排除的（partially excludable）であると考えます。確かに労働者などの経済主体は私的な費用で技能や知識を身につけ，人的資本がもたらす利得の一部を得ることができます。その一方で，一旦形成されれば，人的資本の効果は社会全体に及ぶでしょう。人的資本は非排除的（non-excludable）な要素を含みます。

　ところが，私的な経済主体は，この要素を考慮しません。私的な経済主体が，人的資本の非排除的な要素を考慮しないで教育への支出を抑えれば，経済成長率は低下するでしょう。

　第二に，人的資本が部分的に排除的であれば，私的な経済主体は人的資本の形成に意欲的に取り組みますが，それでも競争的な市場で決定される経済成長率は最適な水準に届かないことがわかります。

　1990年代に入ってローマーは新しいアイデアが技術進歩の源泉であると唱えました。アイデアのように労働者自身に体化されない知識を知識資本（knowledge capital）と呼びます。ローマーは知識資本は研究開発（R&D）部門で生み出されると考えました。研究開発部門の企業は研究開発を進めて知識資本を生産し，他の企業に販売します。その際，研究開発部門の企業は知識資本の生産により私的利益を得る一方，一旦，売却された知識資本は公共財（public goods）であり，無償で社会全体に普及するでしょう。

　第三に，知識資本が公共財であれば，企業は私的利益を求めて知識資本を生産しますが，部分的に排除的な人的資本の場合と同様，市場で決定される経済成長率は最適でないことがわかります。

　人的資本が部分的に排除的である場合や知識資本が公共財である場合，経済全体では技術的漏出（technological spillover）が発生します。このとき，競争的な市場で決定される資本蓄積は，社会的に見て必ずしも最適ではありません。

　この点を**図 5 -21**を用いて確認しましょう。人的資本であれ知識資本であれ，他の条件を不変とした上で資本が増大すれば，その限界収益（marginal return）は徐々に低下します。図 5 -21には，縦軸に収益 r と費用 c を，横軸に資本量 K をとり，2つの資本の限界収益曲線を描きました。資本の限界収益曲線は右下がりです。資本蓄積の結果，投資を行った個人や企業の私的収益は増加しますが，技術的漏出が加われば，その分，社会全体の公的収益が増すでしょう。資本の公的限界収益曲線 ℓ_2 は資本の私的限界収益曲線 ℓ_1 の上方に描かれます。他方，資本の限界費用は資本の増加とともに上昇すると考えられますから，資本の限界費用曲線 m は右上がりになります。

　図 5 -21において個人や企業はどの点を選択するでしょうか。また社会

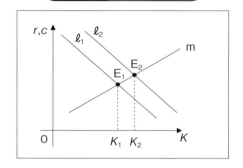

図 5-21　資本量の決定

的に望ましい点は，どの点でしょうか。限界収益と限界費用が等しければ，
収益から費用を差し引いた利得は最大になります。個人や企業は資本の私
的限界収益曲線ℓ_1と資本の限界費用曲線 m の交点E_1を選択するでしょう。
それに対して社会的に望ましい点は資本の公的限界収益曲線ℓ_2と資本の限
界費用曲線 m の交点E_2です。交点E_2は交点E_1の右側にあり，社会的な
見地から最適な資本量K_2は私的に決定される資本量K_1より大きいことが
わかります。

　技術的漏出により資本蓄積は，私的収益を上回る公的収益を生みます。
しかしながら，私的な経済主体は，投資決定に際して，この点を考慮しま
せん。その結果，市場で決定される資本量は社会的に最適な水準より低く
なります。

　内生成長論の多くのモデルは，市場で決定される経済成長率が社会的に
見て最適でないことを明らかにしました。それでは社会的に最適な経済成
長を実現するにはどうすればよいのでしょうか。

　私的な投資決定が十分に機能しない以上，公的介入以外に経済成長率を
高める手段はありません。内生成長論は一面において，研究開発や人的資

本の育成を促す公共政策，別な言い方をすれば成長戦略に理論的根拠を提供する役割を果たしています。

5.5.4　実物景気循環論

　不況期には失業者が増え，多数の工場設備が遊休しますから，景気循環は長らく財市場や労働市場における不均衡現象であると考えられてきました。ところが，新古典派経済成長論の影響を受けて1970年代後半に，景気循環を市場における均衡現象と見なす実物景気循環論（real business cycle theory）が現れます[6]。

　すでに述べたように新古典派経済成長論では国民所得の長期変動すなわち経済成長を，もっぱら人口や資本設備など市場の供給要因によって説明してきました。財市場も労働市場も常に均衡しており，各期の財の取引量と雇用量はそれぞれ，財と労働の供給量によって決定されます。

　同様に実物景気循環論は景気循環過程で市場は常に均衡していると考え，景気循環を需要要因ではなく供給要因によって，貨幣的要因（monetary factor）ではなく実物的要因（real factor）によって説明します。成長理論に関する解説の最後に実物景気循環論に触れましょう。

　最初に，新古典派経済成長論と異なり，実物景気循環論では経済活動において各種の決定を行う主体を明示的に導入します。すなわち，代表的個人が自分自身の利得を最大にするよう財の消費量や労働時間を決定します。

　また市場は常に均衡状態にあり，市場における需要と供給の不一致は起こりません。特に財市場で価格調整が円滑に進みますが，その一方で，財の生産には不規則に技術的なショックが発生し，同一の労働量と資本設備の下でも財の生産量は不規則に変動します。

　代表的な実物景気循環モデルでは新古典派生産関数が使われます。たとえば，技術進歩を含む新古典派生産関数

$$Y = BF(K, L)$$

を考えましょう。ただし，B は確率的な生産性シフト要因です。確率的な生産性シフト要因 B が働くとき，純生産物 Y は資本設備 K と労働 L だけで決まりません。同一の資本設備 K と労働 L の下で，幸運にも自然条件に恵まれれば，生産量 Y は増大し，逆に大規模な災害が発生すれば生産量は低下するでしょう。確率的な生産性シフト要因 B の下で生産量はランダムに変動します。

　新古典派経済成長論では各期の労働供給は各期の人口に等しく，しかも労働市場では完全雇用が成立していました。実物景気循環論では同様に完全雇用が仮定される一方で，労働供給は所与ではありません。代表的個人は与えられた条件の下で将来にわたる総効用が最大になるよう毎期の消費量と労働供給量を決定することになります。とはいえ，多期間にわたる消費量と労働供給量の決定を本格的に論じるには，かなりの準備が必要ですから，ここでは現時点での消費 C と労働供給 L のみが選択可能であるとしましょう。

　代表的個人は，どのようにして労働供給 L を決定し，また社会全体の純生産物 Y は，どのように決定されるのでしょうか。

　代表的個人の生活時間 T は労働時間 L と余暇時間 $T - L$ からなります。一般に，より多くの財を消費し，より多くの余暇を享受すれば，各人の効用は高まるでしょう。代表的個人の効用 W は余暇時間 $T - L$ と消費 C の増加関数であると考えられます。

$$W = U(T - L, C)$$

さて労働時間 L が増加すれば賃金収入が増え，各人の消費生活が向上するでしょうが，一方，所与の生活時間 T の下で各人の余暇時間 $T - L$ は

確実に減少するでしょう。貨幣賃金率を w, 消費財価格を p とすれば，労働時間 L と消費 C の間に予算制約式

$$wL = pC \tag{5.18}$$

が成り立ちます。貨幣賃金率 w と消費財価格 p が与えられたとき，代表的個人は予算制約式 (5.18) の範囲で効用水準 W を最大にするよう労働時間 L と消費量 C を選択します。代表的個人の労働供給 L は貨幣賃金率 w と消費財価格 p に依存することがわかります。

　それでは，消費財価格 p を維持しつつ，貨幣賃金率 w が上昇すれば，代表的個人の労働供給 L は，どう変わるでしょうか。最初に予算制約式 (5.18) を

$$w(T - L) + pC = wT$$

と書き換えて置きましょう。代表的個人が直面する課題は本質的に通常の消費者の消費選択と変わらないことがわかります。

　貨幣賃金率 w が上昇すれば，余暇時間 $T - L$ と消費 C の間の相対価格 w/p が上昇すると同時に名目所得 wT が増大します。余暇が消費に比べて割高になれば，人々は余暇時間を削り，一方，各人の所得が増えれば多くの場合，人々の余暇時間は増加するでしょう。貨幣賃金率 w の上昇の結果，労働供給 L は必ずしも増加しません。とはいえ，代替効果が所得効果を上回れば，貨幣賃金率 w の上昇とともに労働供給は増加し，労働供給曲線は右上がりになります（図 5 -22）。

　一方，労働需要は企業の利潤最大化から導かれ，実質賃金率 w/p に依存しました。財の価格 p が不変のままで貨幣賃金率 w が上昇すれば，企業は雇用量を減らすでしょう。貨幣賃金率 w の上昇より労働需要は減少し，労働需要曲線は右下がりになります。労働市場では労働供給と労働需

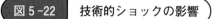

図5-22　技術的ショックの影響

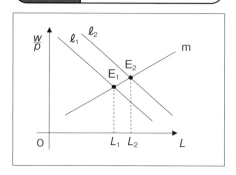

要が等しくなるよう実質賃金率 w/p が調整され，労働取引量すなわち雇用量は図5-22において右上がりの労働供給曲線と右下がりの労働需要曲線の交点で決定されます。

　それでは技術的なショックが発生すれば，労働時間は，どう変化するでしょうか。たとえば新しい生産技術の採用により新古典派生産関数の生産性シフト要因 B が上昇すれば，同一の資本設備 K と労働 L の下でも労働の限界生産力が高まるにちがいありません。労働需要曲線は，これにより ℓ_1 から ℓ_2 へ右上方にシフトします。他方，労働供給曲線 m はシフトしませんから，労働供給曲線と労働需要曲線の交点は点E_1から点E_2に移動します。

　結局，技術的ショックにより生産性シフト要因 B が上昇すれば，実質賃金率 w/p が上昇し，代表的個人の労働時間 L は増大します。反対に生産性シフト要因 B が低下すれば，実質賃金率 w/p が低下し，代表的個人の労働時間 L は減少するでしょう。

　さらに労働時間 L の変化は新古典派生産関数を通じて純生産物 Y の変化を引き起こします。生産性シフト要因 B が上昇し，代表的個人の労働

L が増加すれば，純生産物 Y は拡大し，逆に生産性シフト要因 B が低下し，労働 L が減少すれば，純生産物 Y は縮小するでしょう。技術的ショックが不規則に発生するごとに代表的個人は労働供給の調整を繰り返し，純生産物 Y はランダムに変動します。

　実物景気循環論では国民所得 Y のランダムな変動が景気循環と見なされます。もっとも，ランダムである以上，実物景気循環論における国民所得の変動は，景気循環を特徴づける周期性を持ちません。また，景気循環は需要要因ではなく供給要因によって，貨幣的要因ではなく実物的要因によって引き起こされます。なお，代表的個人は労働供給 L と同時に消費 C を選択していますから，国民所得 Y が与えられれば，貯蓄 S が定まり，投資 I が決定されます。

　実物景気循環論が景気循環を市場における均衡現象と解釈していることは，すでに述べました。実際，実物景気循環論では代表的個人は常に，与えられた条件の下で最適な労働供給を実現しています。国民所得は技術的ショックを反映して不規則に振動するにせよ，景気循環のどの局面においても代表的個人の経済状況は最適な状態にあります。そうであれば，政府が景気対策を行う根拠は，どこにあるのでしょうか。

　従来の景気循環論では景気循環は市場における不均衡現象であり，政府が政策手段を用いて景気循環の影響を緩和する根拠は十分にありました。

　ところが，実物景気循環論では政府が景気対策に取り組むべき理由はありません。むしろ政府の政策介入により各人の経済状況が悪化する可能性も否定できません。実物景気循環論によれば，不況下においてさえ市場メカニズムの運行を妨げないこと，言い換えれば景気循環に対する自由放任が最良の経済政策です。

練習問題

1. 日経平均プロフィルなどを活用して次のデータを探しなさい。
   (1) 1991年から2008年までの日経平均株価の年次データ
   (2) 2009年から2014年までの日経平均株価の年次データ

2*. 生産関数

$$Y = \sqrt{KL}$$

について以下の問いに答えなさい。ただし，純生産物を Y，資本設備を K，労働を L とした。

(1) 資本設備 K，労働 L が 2 倍になったとき，純生産物 Y は何倍になるか。

(2) 資本設備 K が 4 であるとき，労働 L と純生産物 Y の間には，どのような関係が成り立つか。労働 L と純生産物 Y の関係式を示し，そのグラフを書きなさい。

(3) 資本係数 b と労働係数 a の関係式を示し，そのグラフを書きなさい。

(4) 実質賃金率を R，実質利子率を r とするとき，単位費用 u は

$$u = rb + Ra$$

と書くことができる。この式を資本係数 b について解きなさい。さらに ab 座標平面上に，この式のグラフを書きなさい。

(5) 企業は，(3)の関係を満たす生産技術の中から単位費用が最小になる生産技術を選ぶ。実質賃金率 R が 3，実質利子率 r が12であるとき，企業は，どのような生産技術 (a, b) を選択するか。また，その生産技術の下で単位費用 u はいくらになるか。

(6) 実質賃金率 R が 4，実質利子率 r が 9 であるとき，企業は，どのような生産技術 (a, b) を選択するか。

(7)　実質賃金率 R が上昇すると同時に実質利子率 r が低下するとき，労働
　　係数 a と資本係数 b はそれぞれ，どう変化するか。

3*.　新古典派経済成長モデルにおいて労働 L_t と資本設備 K_t はそれぞれ，差
　　分方程式

$$L_{t+1} = (n + 1)L_t$$
$$K_{t+1} = K_t + sF(K_t, L_t)$$

　　に従って成長を続ける。ただし，人口成長率を n，貯蓄率を s とした。以
　　下の問いに答えなさい。

(1)　新古典派生産関数を

$$F(K_t, L_t) = \frac{1}{10}\sqrt{5K_tL_t}$$

　　と特定したとき，新古典派経済成長モデルの基本方程式を導きなさい。

(2)　人口成長率 n が0.01，貯蓄率 s が0.1であるとき，定常状態での資本労
　　働比率 $k^* > 0$ を求めなさい。

(3)　人口成長率 n が上昇したとき，資本労働比率の定常値 k^* はどう変化す
　　るか。また，貯蓄率 s が上昇したとき，資本労働比率 k^* はどう変化する
　　か。

■注
(1)　この政策を発表した当時のアメリカ大統領ニクソン（R.M. Nixon）の名をとり，
　　ニクソン・ショックと言うこともあります。
(2)　Abramovitz. M., "Resource and Output Trends in the United States since
　　1870". *American Economic Review*. Vol.46, 1956.
(3)　Kaldor. N., "Capital Accumulation and Economic Growth". in F.A. Lutz and

D.C. Hague. (ed.) *The Theory of Capital.* Macmillan. 1961.

⑷　Solow. R.M., "A Contribution to the Theory of Economic Growth". *Quarterly Journal of Economics.* Vol.70, 1956.

⑸　以下の内容は Liu. L. -G. and R. Premus. *Global Economic Growth : Theories. Research. Studies. and Annotated Bibliography. 1950-1997.* Greenwood Press. 2000 を参考にしています。

⑹　以下の内容は Snowdon. B. and Vane. H. R., *Modern Macroeconomics : Its Origins.* Development and Current State. Edward Elgar. 2005 を参考にしています。

第**6**章 経 済 発 展

6.1 この章の目的

　経済成長は国民所得の増加と定義されますが，第5章で見たように実際
の経済成長は経済規模が単に量的に拡大するだけではありませんでした。
日本の高度経済成長期には家電製品など耐久消費財が各家庭に急速に普及
し，人々の日常生活は大きく変化しました。経済成長は経済の質的変化を
も引き起こします。

　この章では成長過程における経済の質的変化に注目します。なお，質的
変化に注目したとき，経済成長の過程は経済発展と呼ばれることが少なく
ありません。

6.2 近代経済成長

　日本では国民所得統計は1955年に始まり，それ以前に公式統計はありま
せん。しかしながら，人々が生産活動を行う限り，社会全体の純生産物は
確かに存在します。

　では，公式統計以前の国民所得水準を知ることはできないのでしょうか。
長い間，多くの経済学者や経済史家，人口学者は国民所得や人口の長期
データを得ようと調査研究を重ねてきました。まずは，その成果を紹介し
ておきましょう。

　最初に歴史統計の推計に本格的に取り組んだのはアメリカの経済学者ク

ズネッツ（S. Kuznets）でしょう。アメリカにおける国民所得統計の確立と整備に貢献した後，クズネッツは，政府統計が作成される以前にさかのぼって各国の国民所得を推計しようと試みました。

　国民所得統計が作成される以前，全国規模の網羅的な生産統計はありません。しかし，いくつかの農産物や工業製品については生産の記録は残されており，その断片的な記録から国民所得を推計することは不可能ではありません。また，全国規模の人口調査が行われる以前でも市町村単位の人口調査や納税記録，土地台帳などから国内人口を推計することができます。

　クズネッツは，残された歴史資料に依拠して各国の人口・国民所得・労働生産性など長期的な経済統計の収集・推計および整備を行いました。

　とはいえ，クズネッツの意図は，単に欠落した統計データの再構成にあったのではありません。彼の意図は，こうして整備された長期統計に基づいて現在の経済成長の特徴を浮き彫りにすることにあったのです。

　それでは，各国の長期経済統計から何がわかったのでしょうか。

　クズネッツは現代の経済成長の型が従来の型と異なることを見出しました[1]。国民所得の増大は従来と異なり，1人あたり国民所得の持続的な増加を伴います。この新しい型の経済成長を近代経済成長（modern economic growth）と呼びます。

　18世紀末以降，イギリスをはじめ各国の経済成長は，その時期は一致しないにしても，次々に1人あたり国民所得の持続的な上昇を伴う型に移行します[2]。すなわち，近代経済成長は18世紀後半にイギリスに始まり，その後，西ヨーロッパの大陸諸国，北アメリカ，オセアニア，日本に波及します。

　さらに，クズネッツは国民所得の内部構成や経済の構造変化にも注目し，近代経済成長について以下の特徴を指摘しました。

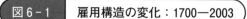

図 6 - 1　雇用構造の変化：1700—2003

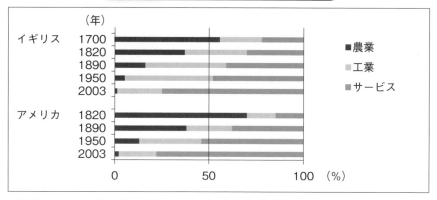

出所：Maddison［2007］.

　第一に，近代経済成長では 1 人あたり経済成長率が高いことです。1 人あたり経済成長率が高いことは 1 人あたり国民所得の急速な上昇を意味しますから，この特徴は近代経済成長の定義にほかなりません。

　第二に，労働生産性と資本生産性のどちらで測っても生産性上昇率が高いことです。5.3 節では実際の経済成長過程において技術進歩の役割が無視できないことを強調しましたが，第二の特徴は，この点と符合します。

　第三に，農業生産から非農業生産すなわち工業とサービス業への重心移動が生じました。

　一国の生産活動は，大きく農林水産業を含む広い意味の農業，製造業と建設業からなる広い意味の工業およびサービス業から構成されます。生産活動全体に占める各産業の構成比率を産業構造といいます。

　産業構造は純生産物に占める各産業の生産物の割合や就業人口に占める各産業の従事者の比率によって表示されますが，近代経済成長の過程では，そのどちらについても農業部門の比重の低下と工業部門やサービス部門の

図6-2　総人口に占める都市人口の比率：1500—1890

注：人口1万人以上の集落を都市とする。
出所：Maddison［2007］.

比重の上昇が確かめられます。

　図6-1には主要国の雇用構造の変化を示しました。イギリスでは1700年に50％を超えていた農業部門の割合は2003年には，わずか3％ほどに低下し，アメリカでも1820年に70％に達していた農業部門の割合は2003年に5％以下に下がります。

　第四に生産単位の規模が拡大します。近代経済成長の過程で，家族経営に代表される小規模な非法人企業の比重が低下する一方，大規模な法人企業が典型的な企業組織になります。

　最後の特徴は農村から都市への人口移動です。各国の都市化は，すでに産業革命以前に始まっていましたが，都市への人口流入は近代経済成長の時期に入って勢いを増します。

　図6-2には総人口に占める都市人口の比率を示しました。イギリスでもフランスでも19世紀に入って都市人口の比率が急激に上昇するのがわか

るでしょう。

　クズネッツが開拓した長期統計に基づく経済成長の実証研究はその後，イギリスをはじめ世界各国の経済学者や経済史家によって拡充されました。日本でも大川一司を中心とする研究グループが，明治初期にさかのぼって人口や国民所得の推計を行い，その成果を『長期経済統計』として刊行しています。

　また，近年の近代経済成長の研究では，単に未発見のデータが追加されただけではありません。既存の研究成果に対しても注意深い検討が加えられました。

　実際，1990年代には，従来の研究が改めて吟味された結果，イギリス産業革命期の経済成長率が大幅に下方修正されました。クズネッツはイギリスにおける近代経済成長の開始時点を18世紀後半と考えていましたが，この修正により今では近代経済成長の開始は1820年前後に繰り下げられました。

6.3　過去1000年の経済成長

　1820年前後に始まる近代経済成長が従来と異なる型の経済成長であることは前節で述べました。それでは近代経済成長はどのような点で従来までの経済成長と異なるのでしょうか。それを理解するには，当然のことながら従来までの経済成長が，どのようなものかを知らなければなりません。

　クズネッツの先駆的な研究は，どうにかイギリス産業革命以前の18世紀初頭にまでさかのぼって国民所得等の経済統計を再構成しましたが，その後の研究はクズネッツの達成に甘んじることなく歴史統計の対象を時間的にも空間的にも広げようと努力を重ねてきました。

　今日では，先進国ばかりでなく非常に多くの国々や地域で産業革命や工

232

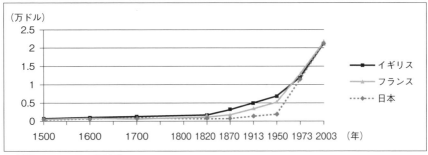

図6-3　1人あたり国内総生産の国際比較：1500—2003

出所：Maddison［2007］.

業化に先立つ時期の経済成長の定量的側面が徐々に明らかになってきています。

　中でもマディソン（A. Maddison）は新しい千年紀に入るのを機に，クズネッツ以降の実証研究の成果を総括して過去2000年間の人口，国民所得および1人あたり国民所得を推計しました[3]。

　この節では，この野心的な取り組みの中で特に過去1000年の経済成長に注目しましょう。図6-3は西暦1500年から2003年までのイギリス・フランスおよび日本の1人あたり国内総生産（GDP）の変化を示しました。

　各国の1人あたり国内総生産の変化には，どのような特徴が見られるでしょうか。

　一見してわかるように，各国の1人あたり国内総生産は1800年前後まで大きな変動はなく，しかも各国間の格差もほとんどありません。ところが1800年前後から各国の1人あたり国内総生産は上昇を始め，さらに各国間の格差も目立つようになります。

　なお，過去1000年に注目すると言いながら，図6-3のグラフは1500年から始まり，1000年から1500年までの500年間のデータが記載されていま

せん。しかしながら，この500年間のデータを考慮しても結論は変わりません。実際，1000年から1500年までの1人あたり国内総生産の変化は，その後の300年間と大差はないのです。

　次に，世界全体での1人あたり国内総生産の動向を取り上げましょう[4]。世界全体についても同様の結論が得られるでしょうか。

　マディソンは西暦1000年から1998年までの経済成長を2つの局面に分け，人口，国内総生産および1人あたり国内総生産の動向を比較しました。

　第一の局面は1000年から1820年までの期間で，この期間の人口成長率は年率で0.17％，経済成長率は0.22％であり，したがって1人あたり経済成長率は0.05％です。約800年間で人口は4倍に増加するものの，1人あたり国内総生産は1.5倍にしかなりません。

　純生産物は確かに増大しますが，増大した純生産物の大半は，より多くの人口を扶養するのに費やされ，1人あたり国民所得の上昇はわずかでしかありません。

　1人あたり国民所得の上昇を伴わない経済規模の拡大を外延的成長（extensive growth）といいます。第一の局面は外延的成長によって特徴づけられます。

　一方，第二の局面は1820年から1998年までの期間で，この期間の人口成長率は年率で0.98％，経済成長率は2.21％であり，一方，1人あたり経済成長率は1.21％です。第二の局面では人口は200年足らずで5.6倍に増加した上，1人あたり国内総生産は当初の8.5倍にも達します。

　もはや増大した純生産物の大半が，増え続ける人口を養うのに費やされることはありません。1人あたり国民所得は急激に上昇します。

　1人あたり国民所得の上昇を伴う経済成長を，外延的成長に対して集約的成長（intensive growth）といいます。もちろん，集約的成長はクズネッツが名づけた近代経済成長にほかなりません。第二の局面は集約的成長に

よって特徴づけられます。

　国ごとに見ても，また世界全体で見ても，これまでの経済成長には2つの型があることがわかります。

　1つの型は外延的成長であり，世界のどの地域でも，この型の成長が1800年前後まで続きます。

　なお，外延的成長であっても，自然環境の変化等により1人あたり国民所得が一時的に上昇することは有り得ます。しかし，1人あたり国民所得の上昇は長くは続きません。1人あたり国民所得が上昇すると，引き続いて人口増加が生じますが，増加した人口が生み出す追加生産物の量はますます少なくなり，やがて，1人あたり国民所得は上昇以前の水準にもどってしまうのです。

　外延的成長の下では技術進歩が果たす役割は非常に小さいことがわかります。

　もう1つの型は集約的成長です。各国の経済成長は1800年を過ぎて集約的成長に，別な言い方をすれば近代経済成長に移行します。1800年以前の経済成長はいずれの地域でも外延的成長でしたから，この近代経済成長は確かに従来と異なる型の経済成長であると考えてよいでしょう。

6.4　近代経済成長の波及

　1800年以降，各国では順次，1人あたり国民所得が上昇し始め，経済成長の型は外延的成長から集約的成長へ転換します。

　それでは，この転換の背景にはどのような事情があるのでしょうか。何が1人あたり国民所得の持続的な上昇を引き起こしたのでしょうか。

　この問題を考えるためにまず，各国における転換の時点をできるだけ正

表6-1	主要国の転換点

国名	転換点
イギリス	1820
フランス	1831—1840
ドイツ	1850—1859
アメリカ	1834—1843
日本	1874—1879
イタリア	1895—1899
韓国	1910
台湾	1895
チリ	1840
アルゼンチン	1860
インド	1947
中国	1949

出所：Kuznets [1971] p.24, Reynolds [1983] p.958, Maddison [2001] p. 45.

確に把握しておく必要があるでしょう。

外延的成長から集約的成長への移行時点を転換点（turning point）といいます(5)。表6-1には，クズネッツやその後の研究に基づいて主要な先進国と発展途上国の転換点を示しました。ただし，クズネッツはイギリスの転換点を18世紀後半と考えていましたが，ここではマディソンに従って1820年に移しました。

興味深いことに各国の転換点は一致しません。最初にイギリスが転換点に達し，その後19世紀前半に西ヨーロッパの大陸諸国とアメリカが，続いてラテンアメリカの独立国や日本，イタリア，さらに20世紀半ばまでにア

ジアの有力国が転換点を迎えました。イギリスに始まった近代経済成長が，その後150年ほどの間に世界各国に波及していく様子が確かめられるでしょう。

　次に転換点の前後における各国の社会的経済的状況を検討しましょう。それぞれの転換点の前後に各国経済では何が起きたのでしょうか。

　最初にイギリスを取り上げましょう。イギリスの転換点は1820年ですが，この年が転換点であるのは決して理由のないことではありません。1820年という年は，1760年代頃に始まり1830年代頃まで続くイギリス産業革命の後期に当たります。

　産業革命とは広く，工業化，特に機械による大規模工業生産の拡大および都市化，さらにその2つが引き起こす社会的変化全般を意味します。

　表6-2にはイギリス産業革命の展開を示しました。イギリスでは18世紀後半に，紡績機や蒸気機関に代表される機械の発明と改良が相次ぎ，綿工業や鉄鋼業を中心に技術革新が進みました。

　すなわち1820年の時点でイギリス社会はすでに半世紀もの間，この経済的社会的変化を経験しており，経済成長の型の転換が産業革命の進行と何らかの関連があるとしても少しも不思議ではありません。

　次に日本の場合を考えましょう。クズネッツは日本の転換点を1870年代後半と推定しましたが，その後の研究者の見解もそれと大きくは変わりません。日本は1870年代後半から1880年代前半までの間に転換点を迎えたと考えてよいでしょう。

　それでは，この時期に何が起きたのでしょうか。

　表6-3に示したのは日本における産業革命の展開です。よく知られているように，1868年の明治維新以後，明治新政府は富国強兵と殖産興業に努め，製糸・紡績などの官営工場を設立するとともに民間企業の育成にも

表 6-2　イギリス産業革命の展開：1730—1825

年	事　項
1733年	ジョン・ケイが飛び杼を発明
1769年	アークライトとジョン・ケイが水力紡績機の特許取得
1770年	ハーグリーブスがジェニー紡績機の特許取得
1771年	アークライトがクロムフォードに紡績工場を建設
1775年	ボールトンとワットが蒸気機関製造企業を設立
1776年	アダム・スミスが『諸国民の富』を出版
1779年	クロムプトンがミュール紡績機を発明 イングランドのコールブルックデールでヨーロッパ最初の鋳鉄橋完成
1784年	コートが製鉄におけるパドル法を発明
1787年	カートライトが力織機の特許取得
1788年	ワットが万能蒸気機関を発明
1807年	フルトンの外輪蒸気船が就航
1812年	ラッダイト（機械打ち壊し）運動が激化
1825年	スティーブンソンが蒸気機関車を実用化 ロバーツが自動ミュール紡績機の特許取得

出所：矢部洋三・渡辺広明著『技術の経済史』等より。

力を注ぎました。

　日本の産業革命は1880年代前半に始まり，1910年頃まで続いたと考えられており，日本においても経済成長の型の転換は産業革命の展開と無関係ではありません。

　イギリスや日本以外の国々についてはどうでしょうか。各国の産業革命や工業化の進展は数々の個別事情に左右され，産業革命や工業化の進展を一様に論じることは容易ではありません。実際，先進国の産業革命は各国

| 表6-3 | 日本産業革命の展開：1868—1911 |

年	事　　項
1868年	明治維新
1870年	東京・横浜間電信開通
1871年	廃藩置県
1872年	新橋・横浜間鉄道開業（日本最初の鉄道） 官営模範工場富岡製糸場開業
1873年	地租改正
1882年	大阪紡績設立
1886年	甲府の雨宮製糸場の女工ストライキ（日本最初の工場労働者のストライキ） 年後半より鉄道・紡績・鉱山業を中心に企業が勃興
1891年	足尾鉱毒事件が社会問題化
1893年	三井銀行，田中製作所を買収，芝浦製作所と改称（機械工業の始まり）
1901年	官営八幡製鉄所，操業開始 住友家，日本鋳鋼所を買収　住友鋳鋼所を開業（住友金属工業の前身の1つ）
1905年	池貝工場，アメリカ式旋盤を完全製作
1906年	池貝製作所，池貝式標準旋盤を創製
1907年	豊田式織機設立
1908年	三菱長崎造船所，天洋丸を完成（最初のタービン船）
1911年	工場法公布

出所：矢部洋三他　編著『現代日本経済史年表：1868～2006年』等より。

　の経済史研究の主要なテーマであり，また発展途上国の工業化は経済史だけでなく経済発展論や開発経済学の中心的な研究領域です。

　にもかかわらず，大局的な見地からは，どの国においても転換点と産業革命あるいは工業化の時期はほぼ重なります。

　言い換えれば，近代経済成長は産業革命や工業化と呼ばれる経済的社会的変化とともに世界各国に波及していきました。近代経済成長への移行が産業革命や工業化の進展と深く関連していることは間違いありません。

6.5 経済発展の理論

6.5.1 二重構造論

　それでは今日の先進工業諸国で産業革命はかつて，どのようにして達成されたのでしょうか。また発展途上国で工業化は現在，どのようなメカニズムで進行しているのでしょうか。この節では経済発展の理論を解説しましょう。

　第二次世界大戦後，多くの植民地が政治的独立を達成すると，これらの国々を含む発展途上地域の経済発展への関心が高まりました。経済発展論や開発経済学は主として発展途上国の経済発展を研究しています。

　発展途上国の国内に近代工業が勃興すると，人々は，住み慣れた農村を離れ，工業生産の中心地である都市に向かいます。都市に移り住んだ当初，彼らの多くは不安定で低収入の仕事しか見つけられないかもしれません。しかし，工業生産が拡大していくと，近代工業部門の雇用機会も徐々に広がっていくでしょう。

　経済発展は何よりも発展途上国内の構造変化であり，その変化を定式化するために，経済発展論では国内に 2 つ以上の経済部門（economic sector），より正確には 2 つ以上の経済体制（economic regime）を設定します。特に発展途上国の国内に，異なる 2 つの経済部門を設定するアプローチを二重構造論（dualism）といいます。

　農村出身者が都市に流入するように，経済発展の過程では一般に伝統部門あるいは農業部門から近代部門あるいは工業部門への人口移動が起こる

と考えられています。国内経済における伝統部門の人口と生産は相対的に縮小し，その一方で近代部門の雇用と生産は拡大していくでしょう。

　部門間の人口移動は，どのようなメカニズムによって推し進められたのでしょうか。また，このメカニズムは，どのような条件の下で機能するのでしょうか。二重構造論は経済発展の過程を経済部門間の人口移動と特徴づけました。

6.5.2　無制限労働供給

　最初にルイス（W.A. Lewis）が提起した二重構造論を解説しましょう。ルイスは，発展途上国経済において最低生存費部門（subsistence sector）と資本家部門（capitalist sector）を区別しました。

　最低生存費部門では資本や天然資源に比べて人口が多く，そのため労働の限界生産力はゼロになります。限界生産力がゼロであれば，たとえ労働投入がわずかに減少しても，生産量が低下することはありません。このとき，最低生存費部門は生産規模を縮小することなく外部に労働を提供することができます。実質賃金率が制度的に，この部門の平均生産物に等しく，かつ生存水準に固定されているとしましょう。実質賃金率が生存水準に固定されている以上，労働供給曲線は水平であり，外部への労働供給は無制限になります。

　第二に，実質賃金率が制度的に固定されている結果，資本家部門は賃金支払いを低く抑えることができます。仮に労働供給に制約があれば，生産拡大とともに実質賃金率の上昇が始まるでしょう。しかしながら，最低生存費部門から労働が無制約に供給されるとき，資本家部門で実質賃金率の上昇は生じません。

　図6-4に資本家部門の労働市場を図示しました。労働需要曲線は通常と同じく右下がりですが，労働供給曲線は点R_0を通り，水平です。実質

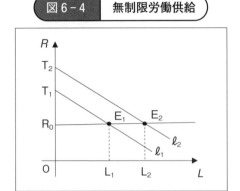

| 図 6 - 4 | 無制限労働供給 |

賃金率の水準 OR_0 は制度的に固定されています。労働需要曲線が ℓ_1 である
とき，資本家部門の雇用量は L_1 であり，労働者には四角形 $OR_0E_1L_1$ の面積
に等しい実質賃金が支払われます。一方，労働需要曲線の高さは労働の限
界生産力を測りますから，四角形 $OT_1E_1L_1$ の面積は資本家部門の生産量
を示すと考えてよいでしょう。均衡点 E_1 における資本家の利潤は三角形
$R_0T_1E_1$ の面積に等しくなります。

　資本が増大し，労働需要曲線が ℓ_1 から ℓ_2 にシフトすれば，労働市場の均
衡点は E_1 から E_2 に移動するでしょう。資本家の利潤は三角形 $R_0T_2E_2$ の面
積まで増大します。

　もし資本蓄積の過程で実質賃金率が上昇すれば，この状況は，どう変わ
るでしょうか。労働供給曲線が右上がりであれば，資本家部門の利潤は三
角形 $R_0T_2E_2$ の面積より小さくなるでしょう。

　実質賃金率が制度的に低く抑えられた分，資本家部門は高い利潤を獲得
し，増加した利潤の一部は再投資されます。社会的貯蓄が増進し，資本家
部門の資本蓄積が加速します。

　とはいえ，やがて労働供給の源泉が枯渇すれば，実質賃金率の上昇が始

まるでしょう。資本蓄積の加速は実質賃金率の上昇が始まるまで続きます。

　ルイスは，二重構造論の枠組みを用いて最低生存費部門から資本家部門への労働移動を説明しました。ルイスが提示したモデルは，その後，多くの研究者によって拡充されます。ラニス＝フェイ（G. Ranis and J. C. H. Fei）は経済発展の過程における二重構造論の転換点（turning point）を明示しました。二重構造論における決定的な転換点は実質賃金率の上昇が始まる点です。また，トダロ（M. Todaro）はモデルに都市伝統部門（urban traditional sector）あるいは都市インフォーマル部門（urban informal sector）を導入しました。

6.5.3　工業生産の拡大

　次に，もう１つの代表的な二重構造論を紹介しましょう。ジョルゲンソン（D. W. Jorgenson）は，発展途上国経済が農業部門と工業部門からなる二重構造を持つと考えました。

　農業部門と工業部門は生産技術の型によって区別されます。農産物は労働と土地だけを用いて生産され，農業生産には資本は使用されません。いま，土地供給が固定されているとすれば，農業生産は規模に関して収穫逓減を示します。すなわち，労働投入を２倍にしても農業部門の産出量は従来の２倍には達しません。

　一方，工業部門において土地は主要な生産要素ではなく，工業製品は基本的に労働と資本だけで生産されます。工業生産は規模に関して収穫一定を示します。すなわち，労働と資本をともに２倍に増やせば，従来の２倍の産出量が得られます。

　さらに，ジョルゲンソンはモデルに人口変動を明示的に導入しました。ジョルゲンソンによれば，伝統的経済システムには２つの人口変動パターンがあります。１人あたり農産物がある一定の水準を下回る限り，人口成

長率は 1 人あたり農産物の水準に依存します。このとき，1 人あたり農産物の伸び率は 1 人あたり農産物の減少関数になり，1 人あたり農産物は増加することはあっても，この一定の水準を超えることはありません。1 人あたり農産物は比較的低い水準にとどまります。

とはいえ，農業部門の技術進歩により 1 人あたり農産物がこの一定の水準を超えれば，人口成長率は，もはや 1 人あたり農産物に依存しません。人口成長率は以後，一定値をとります。

このとき，農業生産が収穫逓減を示し，しかも技術進歩率が十分に高ければ，人口に占める農業従事者の割合は次第に低下していくことを確認できます。すなわち，人口が一定の伸び率で成長を続ける中で農業人口は相対的に低下し，工業人口が増加していくことになります。

ジョルゲンソンは経済発展を農工間の人口構成の変化と見なしました。加えて彼が伝統的経済システムの経済成長と，伝統的経済システムから近代的経済システムへの移行過程を同一の理論的枠組みの中で説明しようとしたことも注目に値します。というのは，近年，前近代社会の経済成長と近代社会の経済成長を統一的に説明する統一経済成長論（unified economic growth theory）への関心が高まっているからです。

もっともジョルゲンソンのモデルの限界を見逃してはなりません。特に，このモデルでは農業部門の技術進歩を契機に農業社会から工業社会への移行が開始されますが，農業部門の技術進歩は外生的に与えられます。

6.6　2 つの経済体制

各国では産業革命や工業化の進展と前後して成長の型が近代経済成長に移行し，1 人あたり国民所得の持続的な上昇が始まります。それでは改めて 1 人あたり国民所得の持続的な上昇にどのような経済的意味があるので

しょうか。

　第3章で述べたように1人あたり国民所得は国民1人ひとりの生活の豊かさを表します。

　それだから，1人あたり国民所得の上昇は国民の平均的な生活水準の向上を，さらに，その持続的上昇は人々の平均的な生活が年々豊かになっていくことを意味します。1人あたり国民所得の上昇が続くとき，子は親より，孫は子よりも多くの物質的富を享受できるようになります。

　さて，社会が，従来までの生活水準の維持に必要な量をはるかに超えて物質的富を生み出せるようになったとき，人々はその豊かな富を何に費やすでしょうか。

　人々は豊かな生産力を背景に生活そのものを変えていくでしょう。物質的富の増大は生活様式をも変えてしまいます。

　実際，産業革命以来，新しい製品，新しい機械や装置，新しい生産技術さらには新しい社会制度が次々に生み出されました。だから，アメリカの経済史家モキア（J. Mokyr）が次のように言うのも決して誇張ではないのです。産業革命の「影響は，生産・消費・産業配置・国際関係や人口動態そして人間生活のほとんどすべての側面の完全な再編成に及んだ」[6]。

　産業革命や工業化によって社会生活全般が変革されたとすれば，この変化が起こる以前の社会と以後の社会は明確に区別すべきでしょう。

　人間社会は常に何らかの形で過去の経験を引き継ぎ，歴史的に与えられた技術的制度的枠組みの中で財の生産・分配・消費等の経済活動を展開します。経済活動が展開され，その結果，経済変動が引き起こされる枠組みを経済体制といいます。産業革命や工業化は明確に，この経済体制を変えたのです。

　ここで，変化の前後にある2つの経済体制に名前をつけておきましょう。

　外延的成長が展開される経済体制，言い換えれば1人あたり国民所得が

ほとんど変化しない社会を前近代社会と呼びます。前近代社会は産業革命や工業化以前の経済体制です。

　一方，近代経済成長が見られる経済体制，言い換えれば，1人あたり国民所得が持続的に増加する社会は近代社会と呼ばれます。近代社会は産業革命や工業化以後の経済体制です。

　私たちは，1人あたり国民所得の動向に注目して2つの経済体制を特徴づけました。もちろん，経済体制の特徴づけは1通りではありません。

　産業革命や工業化に先立つ社会は農業社会とも伝統社会とも，あるいは封建社会とも呼ばれることがあります。いずれの表現も，前近代社会の1つの特徴を強調する限りで誤りではありません。

　実際，前近代社会では産業構造に占める農業の比重が圧倒的に高く，また社会生活において伝統や慣習が働く余地が大きいと考えられます。さらに，封建制が領主間の主従関係を表すにしろ，領主による農民支配を表すにしろ，多くの前近代社会が封建社会であったことも事実です。

　とはいえ，これらの表現を一定の限度を超えて用いることは適切ではありません。

　農業社会であるとはいえ前近代社会において工業生産は皆無ではなく，社会生活において合理的計算や創意工夫が働く余地がまったくなかったわけでもありません。また，封建制と無縁な前近代社会も少なくありません。

　それに対し，1人あたり国民所得がほとんど変化しないという特徴は，産業革命や工業化に先立つ社会のほぼ普遍的な特徴です。

　一方，産業革命や工業化以後の社会を表す語も1つではありません。

　近代社会では，周知のように産業構造に占める工業の比重が高く，この点を強調する者は，この社会を工業社会と呼ぶでしょう。また，近代社会の資源配分では市場メカニズムが果たす役割がことのほか大きく，この点を重視する者は，この社会を市場経済と呼びます。

さらに多数の近代社会では利潤追求を目的に生産活動が行われます。この事実を重視して，産業革命や工業化以後の社会を資本主義社会あるいは資本制経済と表現する者も少なくありません。

工業生産の優位にせよ，市場メカニズムにせよ，利潤追求にせよ，いずれも近代社会の重要な特徴であることは間違いありませんが，なお近代社会を包括的に特徴づけているとは言い難いでしょう。

それに対し，少なくとも現在までのところ1人あたり国民所得の持続的な増加こそ産業革命や工業化以後の社会を包括的に特徴づけています。

6.7 変動から構造へ

財の価格や取引量，生産量などは絶えず変化しており，現実の経済は常に変動のただ中にあります。本書は，この当然の事実から出発してさまざまな経済変動の説明を行ってきました。

毎日の経済変動は景気循環を構成し，繰り返される景気循環は経済成長を生みます。さらに，経済成長は経済の質的変化をも引き起こします。

特に，この章では長期の経済発展に注目し，経済成長の型の相違から2つの経済体制を区別しました。1つは前近代社会であり，もう1つは近代社会です。

経済体制は各人の経済活動の前提となる技術的制度的枠組みであり，めまぐるしい日々の変動に対して相当期間にわたって不変な構造です。私たちはこれまで経済変動について多面的な検討を重ねてきましたが，その結果，変動の対極にある構造に行き着きました。

練習問題

1. 日本経済史などの教科書を見て戦後日本経済に関する次のデータを調べなさい。
   (1) 雇用構造の変化
   (2) 総人口に占める都市人口の割合
2. 気象庁のホームページ等で長期間にわたる温暖化ガスの排出量や大気中濃度を調べ，図6-3と比較しなさい。

■注―――――――――

(1) Kuznets, S., *Modern Economic Growth*, Yale University Press, 1966. (塩野谷祐一訳『近代経済成長の分析』, 東洋経済新報社, 1968年).

(2) クズネッツはイギリスにおける近代経済成長の開始時期を18世紀後半と考えていましたが，この点は以下で述べるように，その後の研究により修正されます。

(3) Maddison, A., *The World Economy : A Millennial Perspective*, Development Centre of OECD, 2001. (金森久雄監訳, 政治経済研究所訳『経済統計で見る世界経済2000年史』, 柏書房, 2004年), Maddison, A., *Contours of the World Economy*, 1-2030AD, Oxford University Press, 2007.

(4) 国内総生産は国別の経済指標ですから，世界全体の国内総生産という言い方は奇妙に聞こえるかもしれません。厳密には世界全体の純生産物と言うべきでしょう。

(5) Kuznets, S., *Economic Growth of Nations*, Harvard University Press, 1971. (西川俊作, 戸田泰訳『諸国民の経済成長』, ダイヤモンド社, 1977年), Reynolds, L. G., "The Spread of Economic Growth to the Third World : 1850-1980", *Journal of Economic Literature*, Vol.21, 1983. なお, 経済発展論や開発経済学では工業部門への無制限労働供給が終了する時点を転換点と呼ぶことがありますから, 注意が必

要です。

(6) Mokyr, J., "Industrial Revolution", in *The Oxford Encyclopedia of Economic History*, Oxford University Press, 2003.

索　引

《著者紹介》

関根　順一（せきね　じゅんいち）

九州産業大学経済学部教授

1986年3月　九州大学経済学部卒業
1994年10月　博士学位取得（経済学専攻）
2005年4月　九州産業大学経済学部教授（現在に至る）

■主要著書
『持続的経済成長と技術進歩』中央経済社，1995年
『土地支配の経済学』中央経済社，2003年
『現代の経済』中央経済社，2019年

基礎からわかる経済変動論〈第3版〉

2011年2月20日	第1版第1刷発行
2015年2月10日	第2版第1刷発行
2019年1月10日	第2版第4刷発行
2021年4月1日	第3版第1刷発行

著　者　　関　根　順　一

発行者　　山　本　　　継

発行所　　㈱中央経済社

発売元　　㈱中央経済グループ
　　　　　パ ブ リ ッ シ ン グ

〒101-0051　東京都千代田区神田神保町1-31-2
電話　03(3293)3371(編集代表)
　　　03(3293)3381(営業代表)
https://www.chuokeizai.co.jp

ⓒ 2021
Printed in Japan

印刷／文唱堂印刷㈱
製本／㈲井上製本所

※ 頁の「欠落」や「順序違い」などがありましたらお取り替えい
たしますので発売元までご送付ください。(送料小社負担)

ISBN 978-4-502-38061-7 C3033

本書とともにお薦めします

新版 経済学辞典

辻　正次・竹内　信仁・柳原　光芳〔編著〕　四六判・544 頁

本辞典の特色

- 経済学を学ぶうえで，また，現実の経済事象を理解するうえで必要とされる基本用語約 1,600 語について，平易で簡明な解説を加えています。

- 用語に対する解説に加えて，その用語と他の用語との関連についても示しています。それにより，体系的に用語の理解を深めることができます。

- 巻末の索引・欧語索引だけでなく，巻頭にも体系目次を掲載しています。そのため，用語の検索を分野・トピックスからも行うことができます。

中央経済社

ベーシック＋ プラス
Basic Plus

いま新しい時代を切り開く基礎力と応用力を兼ね備えた人材が求められています。

このシリーズは，各学問分野の基本的な知識や標準的な考え方を学ぶことにプラスして，一人ひとりが主体的に思考し，行動できるような「学び」をサポートしています。

教員向けサポートも充実！

ベーシック＋専用HP

中央経済社